이승만의 분노
개정판

일러두기
가독성을 위해 중국의 인명과 지명은 한자음대로 표기하였으며, 기타 국가의 인명과 지명은 외래어 표기법에 따라 표기하였습니다.

개정판

건국 대통령 이승만의
본질을 꿰뚫는 통찰력

이승만의

분노

전광훈 지음

NJ Newpuritan publishing

여는 글

다시 발견하는 이 시대의 새 길

우리가 살고 있는 이 땅, 한반도에 불어닥치는 매서운 바람은 우리들의 옷깃을 여미게 만듭니다. 정부와 정치 지도자들은 통일에 대해 뚜렷한 방향조차 내놓지 못하고 있습니다. 한반도의 안보 상황 역시 태평스럽기만 하지는 않습니다. 대한민국 어디서 와서, 어디에 있으며, 어디로 가고 있는 것일까요?

구한말, 무능한 왕실에 의하여 나라가 무너져가던 때에 태어나 국가를 바로 세우기 위하여 동분서주하며 자유민주주의, 시장경제, 한미동맹 등의 시대적 선택으로 오늘날의 대한민국을 있게 한 우남(雩南) 이승만(李承晩, 1875~1965). 우리는 그에 의해서 세워진 '대한민국'을 향유하고 누리고 있습니다. 그러나 그에 대한 무관심과 오해로 정당한 평가마저 외면하고 있는 것이 현실입니다.

독립에서 건국, 호국에서 부국으로 이어지는 애국의 한길을 걸어온 이승만! 그의 분노를 통해 지금 우리나라가 겪고 있는 경제적 어려움과 정치적 혼란을 극복하여 우리의 소원인 통일을 위한 혜안을 발견하고자 합니다.

이승만이 태어난 시기의 조선은 중국 중심의 '대륙문명권'에 그대로 남느냐, 아니면 일본이 포함된 서양 중심의 '해양문명권'에 새로이 편입하느냐의 갈림길 위에 있었습니다. 하지만 조선왕실은 내부적으로는 무능과 부패로 썩어가고, 급변하는 국제정세에는 제대로 대응하지 못했습니다. 이승만은 한반도를 둘러싼 열강의 영토 침탈 야욕에 맞서면서 무능한 조선왕실과 왕정에 대한 분노를 가지게 됩니다. 이러한 분노는 이승만을 신학문과 기독교 사상에 눈을 뜨게 하고, 민주주의와 자유를 배우며 국가의 존망을 걱정하는 실천가로 이끌었습니다.

1905년에 일본이 한국의 외교권을 박탈하기 위해 한국 정부를 강압하여 체결한 조약인 '을사늑약'으로 한반도는 사실상 이때부터 일본에 강점되었습니다. 한반도를 비롯한 아시아 대륙의 영토 야욕을 보인 일본에 대한 이승만의 분노는 조선의 독립을 위해 온전히 자신의 삶을 바치는 행동으로 이어집니다. 기독교와 신학문에 눈을 뜬 이승만은 당시의 독립운동가처럼 자신의 자리에서 최선을 다합니다. 조선의 문화적 수준을 높이기 위한 기독교 교육을 바탕으로 한 교육·출판 운동을 비롯하여 평화적으로 해결하려는 비폭력 저항운동, 독립을 위해서는 강대국의 힘을 빌어야 한다는 현실 인식 속에서 외교 독립 투쟁을 펼쳤습니다.

이승만의 핵심 가치관은 자유민주주의와 기독교 정신입니다. 이것은 그의 독립운동 과정에서도 잘 나타나고 시종일관 반소, 반공의 가치관을 분명히 했습니다. 이승만은 제2차 세계대전 후 있게 된 미국과 소련간의 냉전체제에 대해 이미 오래전부터 예견하고 있었습니다.

해방 이후 대한민국을 건국할 때까지 한반도는 좌우의 대립으로 견해 차이를 좁히지 못하고 결국 소련군정하의 북한을 제외한 대한민국정부를 수립하게 됩니다. 공산주의에 대한 분노는 이승만의 통일정부 수립을 위한 노력과 단독 정부수립 과정에 잘 나타나고 있습니다.

이승만은 민족의 대동단결, 자주적인 정부 수립, 남한의 공산화 방지를 시종일관 주장했으며 매진했습니다. 그러나 그 과정에서 미국 정부와 남한 내 정치세력들은 입장을 바꾸어 가며 협조하기도 하고 대립하기도 했습니다. 이승만이 우호적으로 생각한 미국마저도 그의 이러한 정책과 달랐을 때에는 어김없이 규탄했고, 그로 인해 미국과 큰 갈등을 일으키기도 했습니다. 특히 북한에서 시작한 한국전쟁을 한반도의 통일을 위한 절호의 기회라고 판단했지만, 미국을 비롯한 강대국들의 개입과 휴전의 과정에서 통일이 불가능했습니다. 미국에 대한 분노는 이승만의 분명하고 흔들림 없는 정치노선을 잘 보여주고 있습니다.

해방과 한국전쟁은 대한민국을 폐허로 만들었고 국민을 배고픔에 시달리게 한 시기였습니다. 이승만의 가난에 대한 분노는 대한민국의 경제자립과 교육을 위한 이승만의 청사진에서 쉽게 볼 수 있습니다. 선진국의 원조를 소비재에서 산업재로 요구하는 것에서부터 국가 경쟁력을 높이기 위한 국민 교육에 매달리는 이승만의 가난에 대한 분노는 오늘날 대한민국을 성장시키는 기초가 되었다 해도 과언이 아닙니다. 국가 기간 사업뿐만 아니라 원자력발전의 연구는 폐허의 한반도를 일으켜 세우는 근간이었습니다.

이승만의 공과는 분명히 존재합니다. 장점이나 성과만을 부각시키거나 단점이나 과오만을 부각시켜서도 안 될 것입니다. 그는 독선적이고 고집이 센 지도자였기 때문에 미국과 소련, 일본과 북한 등 한반도를 둘러싼 얽히고설킨 이해관계 속에서 흔들리지 않고 헤쳐 나갈 수 있었던 것입니다. 또 그의 그러한 성격이 마지막에 실책을 범하게 된 이유이기도 합니다. 그러나 중요한 것은 이승만은 여러 가지 과오를 넘어 한국의 장기적인 경제발전과 정치발전, 문화발전, 교육발전의 기초가 되는 비전을 제시한 건국 대통령이었음을 잊어서는 안 될 것입니다.

오늘날의 대한민국을 있게 한 이승만 대통령을 국민의 한 사람으로서 존경합니다. 이 책을 구상한 지 2년 여 만에 이렇게 기쁜 마음으로 책을 내게 되었습니다. 많은 경책 바랍니다.

2016년 봄이 오는 길목에서
전광훈 삼가 씀

차례

여는 글 다시 발견하는 이 시대의 새 길   4

제1부 왕정에 대한 분노

비운의 왕족	15
조선 말기의 정세	20
배재학당에서 서양 학문에 눈을 뜨다	24
진정한 개혁 실천가, 신문기자	33
진정한 개혁 실천가, 만민공동회 지도자	37
한성감옥에서의 신앙 체험	42
한성감옥 그리고 《독립정신》	46
고종의 밀사가 아닌 대한제국의 밀사	51
루스벨트와의 만남, 그리고 을사늑약	55

제2부 일본에 대한 분노

오로지 희망은 학문이다	61
대한인국민회 지도자로 부상	68

프린스턴에서 인맥을 구축하다	73
귀국, 그리고 YMCA 운동	76
미국으로 망명, 그리고 독립운동	80
하와이에서의 독립운동	83
외교력에 기반한 독립운동	88
3·1 운동과 미국에서의 독립운동	92
임시정부의 초대 대통령 이승만	95
제네바 군축회의 참여	102
일본의 미국 침공을 예견한 《일본 내막기》 저술	108
이승만의 다양한 독립운동	113
이승만 〈미국의 소리〉 연설문(1942)	118
한국 독립의 길을 연 미·일전쟁	123
1945년 8월, 해방	127

제3부 공산주의에 대한 분노

공산주의 본질에 대한 통찰	131
해방 전후 한반도 운명	135
한반도 공산화를 위한 소련의 기회	138
소련에 의한 북한정부	142
이승만의 귀국을 허락하는 미국	146
한민당의 계략을 간파	149
한반도의 공산화를 꿈꾸는 남로당	152
미국과 소련, 강대국에 맞서는 이승만	157

신탁통치에 대한 좌익과 우익의 대립	161
넘어야 할 산, 미소공동위원회	166
이승만의 정읍 발언	170
공산주의 본색이 드러난 북조선인민위원회	174
남한에서의 좌익 활동	180
이승만의 대미외교	183
미소공동위원회의 두 번째 실패	189
UN으로 넘어간 한반도 문제	193
UN 한국임시위원단의 한국 방문	197
공산당 군중대회로 끝난 남북협상	200
최초의 민주선거 5·10 총선과 제헌국회 개원	203
건국기념일이 된 1948년 8월 15일	208
친일파 청산 반민족행위처벌법	211
서로 다른 길, 북한 상황	215
이승만의 농지개혁	220
국회 제1회 정기회의 폐회식 치사(致辭) 국회 연설문(1949.5.3)	223

제4부 미국에 대한 분노

한미공동방위 군사협정 체결 무산, 그리고 6·25전쟁	227
낙동강 전투와 인천상륙작전	232
미국에 알리지 않은 국군의 38선 돌파 명령	235
평양 동포에 고함 평양 연설(1950.10.30)	238

미국의 휴전 제안을 거부하다	242
휴전 회담에 반공포로 석방으로 맞서다	246
미국의 반대에도 개헌 강행	251
미국의 이승만 제거 작전	254
한미동맹과 경제원조 약속, 그리고 휴전협정의 체결	256

제5부 가난에 대한 분노

6·25전쟁 후 비참한 대한민국 경제상황	261
노련한 외교력으로 미국의 원조를 끌어내다	263
핵 강국의 희망	265
북한에 집중되어 있던 중공업	269
북한에 집중되어 있던 전력시설	273
평화선 발표로 일본으로부터 해양자원 보호	275
하와이 망명 시절부터 시작된 교육사업	277
세계 평화를 위한 중대한 결정 미 의회 연설(1954.7.27)	280

닫는 글 부정을 보고 일어서지 않는 백성은 죽은 것	284
부록 우남 이승만 연보	289

제1부

왕정에 대한 분노

비운의 왕족

1875년 3월 26일, 황해도 평산군 마산면 대경리 능내동에서 한 아이가 태어났다. 아버지는 이경선, 어머니는 김해 김씨였다. 3남 2녀 중 막내로 태어난 이 아이의 이름은 승룡(承龍)이었다. 어머니가 태몽에서 용을 봤다고 지어진 이름이었다. 이승룡은 막내였지만, 형 두 명이 모두 홍역으로 죽어서 외동처럼 자랐다.

아버지 이경선은 가문에 대한 자긍심이 강한 편이었다. 이경선은 조선왕조의 후예인 전주 이씨 가문으로 태종의 장남이며 세종의 형인 양녕대군의 16대손이었고, 조선을 건국한 태조 이성계의 18대손이었다. 양녕대군은 세자 책봉을 받았지만 왕의 자리를 동생인 세종에게 넘겨줄 수밖에 없었던 비운의 왕자였고, 그 후손들도 그리 평탄한 삶을 살지 못했다. 왕족으로서의 대우도 끝나고, 벼슬길도 끊어지자 집안은 점점 기울어졌다. 결국 집안이 몰락하고 이경선의 할아버지인 이황은 서울을 떠나 황해도로 이사를 갔다.

이경선은 두 아들이 홍역으로 죽고, 태어난 승룡을 보고 큰 결심을 한다.

"여기에 계속 있으면, 승룡이는 농사꾼밖에 되지 않겠지! 서울로 가야 한다."

자식에 대한 아버지의 배려와 함께 아들이 몰락한 왕족의 집안을 일으켜주기를 바라는 마음도 있었다. 이경선의 이런 결심은 승룡이 3살이 되던 해에 이루어졌다.

이경선은 황해도를 떠나 한성 숭례문 밖 염동, 낙동을 거쳐 도동의 우수현 남쪽으로 이사했고, 승룡은 이곳에 있는 초가집에서 살면서 유소년기를 보내며 성장했다. 이경선이 도동에 터를 잡은 것은 이곳에 양녕대군의 위패를 모신 지덕사가 있었기 때문으로 보인다. 지덕사는 지금의 서울역 건너편 옛 서울지방병무청 자리에 있었는데, 1912년에 일제의 횡포로 묘소가 있는 국사봉 아래 상도동으로 이전했다.

자식을 위해서 서울로 이사를 왔지만, 아버지는 풍수지리에 몰두하며 각지를 유람하는 생활을 했다. 가장이 생계에 관심이 없으니, 그 몫은 당연히 아내인 승룡의 어머니가 책임을 질 수밖에 없었다. 승룡의 어머니는 삯바느질을 하며 생계를 이어갔다.

전국 각지를 유람하던 아버지가 집에 있을 때는 24권으로 된 족보를 늘 들여다보며 아들에게 가문에 대해 이야기했다. 하지만, 승룡은 관심을 가지지 않았다. 아버지가 못마땅했다. 당장 먹고 사는 것이 힘들어 어머니가 삯바느질로 먹고 살고 있는데, 가문이 무슨 소용이 있냐는 생각이었다.

'집안이 몰락했는데, 자기나 자기 가족의 생계를 위해 일하지 않고, 조상들의 몇 대 후손이라고 내세우기만 하다니.'

승룡의 어머니는 아들이 과거시험에 합격해서 집안을 일으키는 것이 희망이었다. 그래서 형편이 어려웠지만, 낙동서당에 입학시켰다. 승룡은 어머니의 기대에 부흥해 6살에 천자문을 떼고 서당에서 과거급제를 목표로 열심히 공부했다. 열 살 때인 1885년에 낙동서당에서 도동서당으로 옮겨 10년 동안 그곳에서 공부했다. 집안 형편이 어려웠던 승룡이 도동서당에서 오랫동안 공부할 수 있었던 이유는 전주 이씨 집안인 서당의 훈장 이근수가 무료로 공부할 수 있도록 했기 때문이었습니다. 아마도 승룡이 열심히 공부하는 것을 보면, 이근수의 아들이나 조카들의 글공부에 도움이 될 것 같다는 생각이었던 것 같았다.

도동서당으로 옮긴지 3년의 시간이 흘러 승룡이 13세가 되던 해에 과거시험에 응시했다. 그때 이름을 승만(承晩)으로 바꾸고, 남산 도동서당 옆의 고갯마루 우수현을 기념하여 아호를 우남(雩南)으로 정했다. 과거에 응시한 승만은 낙방했고, 그 이후에도 매년 과거에 응시했다. 하지만 과거에 급제하지 못했다. 당시 나라는 혼란했고, 과거는 권력이나 돈이 있는 사람들이 매관매직으로 합격했었다. 부정부패가 가득했던 시절에는 실력이 있다 해도 관직에 오르기가 어려웠다.

이러한 현실을 경험한 승만은 크게 낙심했다. 기존 질서에서 성공해보려고 했지만, 계속 되는 실패로 인해 기존 질서에 대한 반감을 가지게 되는 계기가 되었다. 그리고 몰락한 왕족의 후손으로 나라가 무너지고 있는 조선왕조에 대한 분노 또한 커졌다. 자신의 선조인 양녕대군이 왕이 되었더라면, 승만이 고종의 위치에 있었을지도 모를 일이었다. 하지만 고종이 왕으로 있었고,

조선은 몰락의 길을 걷고 있었으니 조선왕조에 대해서 분노하는 것은 당연한 일일지도 몰랐다. 왕정에 대한 이런 분노는 이승만의 유소년기를 통해 마음속 깊이 자리를 잡았다.

조선 말기의 정세

승만이 태어난 조선 말기는 극도로 혼란했던 시기였다. 흥선대원군의 세도 정치로 정치와 사회가 불안했고, 예로부터 내려온 불교와 유교는 종교로서의 제 역할을 다하지 못했다. 주변국을 비롯한 외세로부터 전해진 천주교는 세력을 확대해가고 있었다.

승만이 태어나기 15년 전인 1860년에 새로운 종교가 창시되었다. 최제우가 민간신앙과 유교, 불교, 도교를 융합한 '동학'이었다. 하지만 동학의 교리인 '사람이 곧 하늘'이라는 인내천(人乃天) 사상이 기득권자들로부터 탄압을 받았다.

"동학은 세상을 어지럽히고 백성을 속이는 종교야."

이런 이유 때문에 결국 최제우는 처형당했다.

조정의 실권자이며 고종의 아버지인 흥선대원군은 왕권을 강화하기 위해서 임진왜란 때 불에 타 270여 년간 방치되어오던 경복궁을 중건했다. 하지만 중건하는 과정에서 백성들을 농사철에도 동원하면서 백성들의 불평과 불만이 가득했다. 또한 중건하면서 필요한 돈을 위해서 매관매직을 하고, 당백전을 대량으로 발행하면서 화폐의 가치가 떨어지고 물가가 폭등하게 됐다. 일반 백성들의 생활은 갈수록 힘들어지고, 분노가 가득하게 되었다.

승만이 19세였던 1894년, 전봉준을 지도자로 한 농민군이 전라도 고부에서 군수 조병갑의 학정에 못 이겨 관아를 습격하는 사건이 일어났다. 이 사건이 동학난의 시점이었다. 정읍에서 결집한 농민군은 전주를 지나 삼례에 이르렀고, 만 오천 명에 육박하는 세력으로 늘어났다.

이에 놀란 조정은 청나라에 원군을 요청했다. 청나라 군사들이 아산만에 상륙하자 일본 역시 천진조약에 의해 거류민 보호를 구실로 출병하기로 결정했다. 천진조약은 1884년 갑신정변 후 조선에서 세력균형을 위해 일본과 청이 맺은 조약이다.

이런 상황이 일어나자 동학난은 전국적으로 확대되었다. 전봉준이 이끄는 호남군과 손병희가 이끄는 호서군 수만 명이 싸웠지만, 근대식 무기와 훈련을 갖춘 일본군을 이길 수가 없었다. 지도자인 전봉준도 내부에 있던 배신자의 밀고로 순창에서 체포되어 41세의 나이로 1895년 사형 당하고 말았다.

동학군을 진압한 일본군은 조선왕실에 그 대가를 요구했고, 경복궁 경비라는 핑계로 일본군이 조선에 주둔하게 되었다. 그리고 우리나라의 많은 젊은이들을 일본으로 산업 시찰을 보냈고, 일본에 간 그들은 일본을 좋게 보았다. 그 이유는 조선보다 먼저 서양문물을 받아들인 일본의 과학 기술이 상당히 발전되어 있었기 때문이었다.

승만은 이런 정치, 사회 현상을 보면서 무능한 조선왕실에 대한 분노가 더욱 일어나게 되었다.

"왕실의 변화가 없이는 조선에 어떠한 희망도 남아 있지 않아!"

시시각각 변하는 조선의 사회정치적 상황을 지켜보면서 승만은 변화에 대한 갈망이 커져만 갔다.

그리고 그해에 청일전쟁이 일어났다. 청일전쟁은 청나라와 일본이 조선을 누가 지배할 것인가를 두고 일어난 전쟁이다. 청일전쟁에서 일본이 이기면서 조선에서 일본의 세력은 점점 늘어났고, 큰 변화들이 일어났다. 갑오개혁이 일어났고, 과거제도가 폐지되었다.

과거제도의 폐지는 변화를 생각했던 승만에게 새로운 문물을 배우는 전환점이 되었고, 이런 갈망은 서양 학문과 사상에 대한 관심으로 이어졌다.

배재학당에서
서양 학문에 눈을 뜨다

청일전쟁에서 일본이 이기면서 조선의 상황은 더욱 위태로워졌다. 일본이 조선 정부에 대해 노골적인 내정간섭을 시작했기 때문이었다. 일본은 궁으로 난입했고, 민씨 정권 대신 흥선대원군을 영입해서 새로운 정권을 세웠다. 그 뒤에 개혁추진기구로 군국기무처를 설치하고, 개화파 관료들을 의원에 임명하고 내정개혁을 단행하게 했다. 이게 바로 1894년 7월부터 12월까지 추진된 '갑오개혁'이다.

이런 정치제도의 변화로 국가기관인 관제는 크게 개편이 되었고, 관료 충원을 위한 과거제도도 이때 폐지됐다. 그리고 사회제도의 개편으로 조선사회의 여러 제도 및 관습도 대대적인 개혁이 이루어졌다. 문벌과 반상제도의 혁파, 문무존비의 차별 폐지, 공사노비법의 혁파, 천인의 면천, 죄인연좌법의 폐지, 양자제도의 개선, 조혼 금지 및 청상 과부 재가 허용 등이 이루어졌다.

갑오개혁으로 과거제도가 폐지되면서 승만은 잠시 방황했다. 과거급제를 통해 집안을 일으키는 것이 삶의 목표였는데, 그 목표가 사라져버렸기 때문이다. 그때 외가 친척이며 도동서당을 함께 다녔던 친구 신긍우가 찾아왔다.

"승만아! 내 동생 홍우가 배재학당을 다니고 있는데, 너 거기서 공부해봐라!"

신긍우의 말을 듣고 승만은 많은 생각을 했다.

'세상이 이렇게 변하고 있는데, 기존의 학문을 계속 공부하는 것이 옳은 걸까?'

승만은 변화하는 세상에는 새로운 학문이 필요하다고 느끼고, 1894년 4월에 서양학문을 가르치는 배재학당에 입학했다. 배재학당은 고종이 교명과 친필 간판을 내린 학교였다. 당시 이곳을 졸업하면 정부기관에 취직할 수 있을 것이라는 기대감에

많은 선비들이 모여들었던 곳이었다.

승만은 배재학당에서 영어를 배운다는 가벼운 마음으로 입학했다. 이런 이유 때문에, 집안에도 알리지 않고 배재학당에 입학했다. 승만은 선교사에게 여러 질문을 하면서 대화를 시도했고, 그 덕분에 영어가 빨리 늘었다. 6개월이 지난 후, 승만은 신입생들에게 초보 영어를 가르치는 조교가 되었다. 그리고 조선에 처음 들어오는 미국인 선교사들에게 한국어를 가르치면서, 영어는 그에게 생계수단이 되었다. 승만이 선교사로부터 교습비로 처음 받고 가족들 앞에 내놓았다.

"아버지, 어머니. 제가 미국인 선교사에게 한국어를 가르치고 번 20달러입니다."

당시 20달러는 굉장히 큰돈이었다. 가족들은 승만이 내놓은 돈을 보고 그저 놀라기만 했다.

승만은 배재학당에서 노블, 벙커, 헐버트 등의 선교사들에게 영어를 배우고, 신학, 세계 역사, 지리, 문학, 음악 등 서구식 정규교육을 받으며 서양세계에 관심을 가지기 시작했다.

배재학당을 설립한 미국인 선교사 헨리 아펜젤러는 '인재양성이 선교를 향한 지름길'이라고 믿었다. 그런 의미에서 배재학당은 기독교 정신과 개화사상에 근거하여 근대 교육을 시작했고, 자유(自由)와 자조(自助) 정신을 가르쳤다. 배재학당을 중심으로 활동한 서양 선교사들은 박사학위를 가진 높은 수준의 지식인이 많았고, 승만은 그들과 가깝게 지내면서 서양문명을 배웠다. 조선의 정치와 사회가 급변했던 그 시기에 승만 또한 내면의 혁명이 일어나는 시기이기도 했다. 승만은 《청년 이승만 자서전》에서 그 당시의 자신의 심정을 이렇게 이야기했다.

"내가 배재학당에 들어간 것은 영어를 배우기 위함이었는데, 그곳에서 난 영어보다 더 귀중한 것을 배웠다. 그것은 정치적 자유의 개념이었다. 자유는 남에게 구속받지 않고 스스로 판단하고 결정하는 주체적인 인간을 말하고, 자조는 스스로 발전하기 위해서 끊임없이 노력하는 것을 말한다. 이러한 정신은 자신이 처한 여러 환경에서 끊임없이 헌신하고 희생하며 섬기고 봉사하는 태도를 갖게 하는 역할을 했다. 나아가 정치적 사회적 측면에서도 개혁과 변화를 추진하는 동력이 되도록 했다."

승만은 배재학당에서 '모든 사람은 자유롭고 평등하다'는 '자유주의 사상'과 국민이 정부를 선택할 권리를 갖는 '민주주의 사상'을 접했다.

"자유주의 사상과 민주주의 사상이야말로 부패한 조선의 문제를 해결할 수 있는 방법이야!"

이렇게 승만의 왕실에 대한 분노는 사상과 이론으로 구체화되어 갔다.

승만은 배재학당에서 개화파였던 서재필도 만났다. 서재필은 1884년의 갑신정변에 가담했다가 실패 후, 미국으로 망명해 의사가 된 혁명가였다. 그는 승만의 사상 형성과 의식 발전에 결정적인 영향을 준 스승이었다.

서재필은 미국시민권을 얻고 귀국한 뒤 교육을 통한 민중 계몽이 중요하다고 생각해 배재학당에 강사로 일을 했다. 그는 세계사와 지리 그리고 민주주의와 국제 정세 등을 가르쳤으며, 학생들에게 토론과 다수결의 합의를 이끌어내는 민주주의 방식을 가르쳤다.

"학생 여러분, 토론회를 조직해서 서로의 의견을 나누고, 다수결의 합의를 이루는 연습을 많이 하는 것이 민주주의를 이해하는 것에 좋습니다."

　서재필의 권유로 협성회가 조직되었고, 협성회는 300명 정도의 큰 규모로 확대되어 나중에 사회운동단체로 변화했다. 협성회의 인원이 늘면서 토론회에 대한 사회적 관심이 점점 높아졌다. 그러자 협성회는 토론의 내용을 홍보하기로 결정했다.

　"우리의 토론 내용을 홍보하기 위해서 신문을 만들어보는 건 어떨까?"

　1898년 1월 1일, 홍보를 위한 주간신문 〈협성회회보〉를 만들었다. 이것은 나중에 일간지로 바뀌었다. 이 간행물은 민족여론을 이끌어가고, 민족계몽에 큰 영향을 주었다.

　협성회 초기 구성원이 13명이었는데, 승만도 거기에 포함이 되어 있었다. 승만은 협성회에서 서기를 맡아 적극적으로 활동을 했고, 정치의식은 그때부터 싹트고 있었다. 승만은 〈협성회회보〉의 창간호부터 논설과 기사를 작성했다.

　1898년 3월 5일자 협성회 회보에 승만은 나라를 걱정하는 마음을 담은 한글 시(詩) 〈고목가(古木歌)〉를 발표했다.

고목가(古木歌)

슬프다 저 나무 다 늙었네

병들고 썩어서 반만 섰네

심악한 비바람 이리저리 급히 쳐

몇 백년 큰 남기 오늘 위태롭도다

원수의 땃짝새 밑을 조네

미욱한 저 새야 조지 마라

조고 또 조다가 고목이 부러지면

네 처자 네 몸은 어디 의지(依支)할꼬

버티세 버티세, 저 고목을

뿌리만 굳박혀 반근(盤根)되면

새 가지 새 잎이 다시 영화(榮華) 봄 되면

강근(强根)이 자란 뒤 풍우 불외(不畏)하리라

쏘아라, 저 포수 땃짝새를

원수의 저 미물, 남글 쪼아

비바람을 도와 위망(危亡)을 재촉하여

넘어지게 하니 어찌할꼬

승만이 이 시에서 기운이 쇠한 나라를 고목에 비유하고, 친러파 관리들을 딱따구리 새로 표현했다. 그리고 러시아의 야욕을 비바람에, 자신과 같은 투사들을 포수에 비유했다. 이 시는 승만의 기개와 용기를 보여준 근대시로 애국시의 시작이었다.

이와 같이 협성회는 토론회와 출판사업을 통해 여러 가지 민족문제를 제기했다. 그리하여 민족을 각성시키고 계몽하여 민족의식과 자주독립정신을 사회적으로 확산시키는 데 크게 공헌했다.

1897년 7월 8일, 우리나라 최초의 서양식 교회건물인 정동교회에서 배재학당 종업식이 열렸다. 왕실을 비롯해 각부 대신들과 정치인들, 주한 외교사절 등 6백 여 명의 국내외 내빈이 참석한 종업식이었다.

입학한 지 3년 만에 졸업을 하게 된 승만이 졸업생들을 대표로 영어 연설을 했다. '조선의 독립(The Independence of Korea)'이라는 주제였다. 이승만은 이 영어 연설로 정가의 유명인사가 되었다. 특히 선교사들은 승만을 칭찬하며 후원하기 시작했다.

"이승만은 영어 습득 능력이 탁월하고, 근대문명과 신학문을 배우려는 열정이 남다릅니다."

"맞습니다. 영어를 정말 잘 합니다. 그리고 국가와 사회를 위해 헌신하겠다는 의지가 그 누구보다 강합니다."

훗날 승만의 정치고문으로 활약한 미국의 펜실베니아 주립대학 교수 로버트 올리버와 서재필이 나눈 대화록을 보면, 당시 서재필은 제자 승만의 성장에 대해 이렇게 감탄했다고 적혀 있다.

"그는 스무 살 남짓한 젊은이였으나, 매우 진지하고 야망에 차 있었다. 나는 그에게 만일 그의 생애를 한국 민중의 복지를 위하여 바치기를 원한다면, 먼저 유럽이나 미국에 가서 교양교육을 받고 지도력을 갖출 준비를 해야 한다고 말했다."

진정한 개혁 실천가,
신문기자

1897년 여름, 승만은 배재학당을 졸업했다. 그 다음 해인 1898년 4월 9일, 승만은 양홍묵, 최정식, 유영석 등과 함께 우리나라 최초의 일간지인 〈매일신문〉을 창간했다. 양홍묵은 사장, 승만과 최정식은 기자, 유영석은 회계였다. 승만은 비망록 〈*Rough Sketch*〉에 이렇게 적었다.

"나는 배재학당에서 다른 이들과 함께 〈협성회보〉를 시작했고, 편집인으로 선출되었습니다. 정부 장관들을 포함해 나라의 여러 사안들을 비판하였던 이 자그마한 학교신문은 일반인들의 주목을 받게 되었습니다. 그러자 아펜젤러 교장이 앞으로 신문을 낼 때는 사전에 검열을 받으라 하였습니다. 그래서 우리는 학교를 벗어나서 신문을 내기로 했습니다. 유영석과 내가 우리나라 최초로 일간신문을 시작했습니다. 우리는 이 일간지를 통해 자유와 평등에 대한 설교를 했습니다. 아펜젤러 교장과 주변 사람들은 만약 내가 급진주의적 사상을 지속하게 되면 오래 살지 못할 것이라고 경고를 주었지만 그 신문은 계속 출판되었습니다."

〈매일신문〉은 정부의 잘못된 정책을 거리낌 없이 비판하며, 일반 백성들에게 많이 알려졌다. 특히 러시아와 프랑스가 우리나라 정부에 이권을 요구한 외교문서의 내용을 폭로한 기사는 큰 파문을 일으켜 정부와 국민 모두를 놀라게 했다.

특히 1898년 5월 16일자에 러시아와 프랑스 양국이 대한제국 정부에 대하여 토지와 탄광에 관한 이권을 요구해 온 외교문서를 폭로했다.

"러시아에서 목포와 진남포에… 조계외(租界外) 사방 십리 안에 섬들을 사기를 요구하오니…"

"석탄 광산 한 곳을 불란서에 서울과 의주 사이 철로 회사에 허락한 바… 이 말을 들으매 치가 떨리고 기가 막히어 분한 마음을 억제할 수 없는지라."

〈메일신문〉의 이런 기사를 실어 러시아와 프랑스는 사업을 결국 포기할 수밖에 없었다.

우리나라에서 신문 보도를 통해 외세 침략을 견제한 최초의 외교적 성과였다. 이것은 우리나라 독립운동에 있어 열강의 이권침탈에 저항하는 선례가 되었다. 〈메일신문〉은 이후에도 우리 국민들이 애국심과 국권을 지켜나가야 한다는 것을 백성들에게 알리는 일에 앞장섰다.

이후 승만은 이종일, 유영석 등과 함께 1898년 8월 10일에 한글 신문인 〈제국신문〉도 창간했다. 〈제국신문〉에서는 주필로 활동하면서 우리나라 독립의 필요성을 알렸다.

어느 날, 일본인들이 우리 국민들에게 칼을 휘두르는 사건이 일어났다. 그런데, 일본 경찰은 가해자인 일본인은 체포하지 않고 피해자인 우리 국민들만 체포한 것이었다. 승만은 이 사건에 대해서 신랄하게 비판했다. 당시 일본인들은 치외법권의 보호를 받고 있어서 대한제국 정부는 이들을 체포할 수가 없었다. 이러한 불평등조약에 분개한 승만이 이를 비판하는 기사를 계속 썼고, 일본인들이 발행하던 〈한성신보〉와 여러 차례에 걸쳐 이 문제에 대해서 논쟁을 벌였다.

승만은 외세 침탈의 부당성을 지적하고 우리 민족의 자존심을 강조한 기사를 계속 썼고, 국권을 빼앗겨 의기소침해 있던 국민들에게 희망과 용기를 주었다.

진정한 개혁 실천가,
만민공동회 지도자

언론활동을 통해 자신의 의지를 알리기 시작한 승만은 개화파의 본거지였던 '독립협회'에서 활동을 시작했다. 1898년 3월 10일, 보신각 앞 광장에서 독립협회 주최로 우리나라 최초의 대중집회가 열렸다.

보신각 앞 광장은 조선시대 때 독점적 상업권을 부여받고 국가 수요품을 조달하던 여섯 종류의 큰 상점들이 있는 '육의전'이라는 시장 가게가 밀집해 있던 곳이다. 조선시대의 대표적인 시장이 있던 곳이기 때문에 그만큼 길도 넓고 사람들의 왕래도 잦았다.

그래서 각종 집회도 열리고, 새로운 소식도 주고받는 민중들의 소통 공간이었다. 이날 열린 대중집회는 러시아가 대한제국의 친러정권을 통하여 지하자원 개발권 및 철도부설권을 소유하려는 것에 대한 반대와 오늘날의 재무부에 해당하는 탁지부의 러시아 고문과 군부 교련사관의 해고를 요구하기 위해서였다.

이 집회에서 독립협회는 자신들이 드러나지 않도록 서양 선교사가 설립한 배재학당이나 일본인이 세운 경성학당의 학생들을 연사로 내세웠다. 그 가운데 대중들에게 깊은 인상을 남긴 사람이 바로 배재학당 졸업생 승만이었다.

스물두 살 청년 승만은 대중들에게는 알려지지 않은 무명의 인물이었지만, 특유의 카리스마와 언변으로 열강의 이권침탈을 규탄하는 연설을 했다.

"땅을 아주 주는 것이 아니라 빌리는 것이기 때문에 괜찮다고 하지만… 만일 남이 나와 정이 있다고 내 물건을 달라고 한다면 그 사람은 내 친구가 아니라 곧 나를 꾀어 물건을 탈취하려는 도적이나 마찬가지 아닙니까!"

당시 〈독립신문〉의 보도에 따르면, 이 집회에 모인 사람이

1만 명이 넘었다고 한다. 그래서 이 집회를 '만민공동회'라고 부른다.

정부의 친러정책과 비자주적 외교에 반대하여 일어난 만민공동회 집회는 성공적이었다. 3월 17일 러시아 정부는 군사고문, 재정고문 철수를 결정했고, 부산 절영도의 저탄장 부지를 통치하는 요구도 철회했다. 그리고 한러은행도 철폐한다고 발표했다.

제1차 만민공동회에서의 연사로 청중들에게 깊은 인상을 남겼던 승만은 이후 만민공동회의 중심이 되었다. 지속적인 토론회와 강연회를 통해 러시아를 비롯한 외세의 부당한 영토 침탈 야욕을 강력히 규탄하는 한편, 이에 적절히 대응하지 못하는 조선 정부에 대해 비판적 입장을 이야기했다.

만민공동회에서 승만이 강조했던 것은 국권 수호와 국정 개혁이었다. 외세의 이권 침탈과 영토 침략 야욕을 강력히 규탄하는 사회 개혁가와 언론인의 역할을 하는 승만의 행동은 조선 정부에 큰 부담이 되었다.

이러한 개혁운동은 자신들의 입지를 위협한다고 느낀 수구파들의 반격으로 위기를 맞게 되었다. 조병식을 비롯한 수구파

세력들은 '황국협회'를 선동해 독립협회를 공격했다.

고종은 독립협회가 군주제를 폐지하고 공화제를 도입하려 한다고 몰아세우고, 이를 역적모의라는 이유로 독립협회 간부 17명을 투옥시켰다.

그러자 1898년 11월 4일, 서울 덕수궁 앞에서 독립협회 간부를 석방하라는 만민공동회 철야집회가 열렸다. 승만은 이 집회에서 행동대장을 맡아 시위대의 맨 앞에서 군중을 이끌었다. 시위가 점점 격해지자 고종은 독립협회 지도자들을 모두 석방하고, 개화파인 민영환으로 새 내각을 구성하게 했다. 그런데도 더 철저한 개혁을 요구하는 시위가 계속되자, 고종은 황국협회 소속의 보부상들을 동원해 시위 군중을 해산시키려 했다.

그러나 승만은 쉬지 않고 항의 연설을 했다. 용산에서 독립협회 김덕구가 황국협회 보부상에게 맞아서 죽었다. 다음날 장례식을 치르면서 시위는 절정에 이르렀다.

며칠 후인 1898년 11월 28일, 고종은 시위대를 달래기 위해 황제의 자문기관인 중추원 의관 50명 가운데 절반을 독립협회 회원으로 임명했다. 이에 따라 윤치호는 중추원 부의장이 되고,

23세의 승만도 의관이 되었다.

승만을 비롯한 독립협회 측 의관들은 박영효를 포함한 일본에 망명한 개화파들의 등용을 요구했다. 박영효는 갑신정변을 일으킨 인물이었으므로 조선정부로서는 역적이었다. 그런 이유 때문에 고종은 분개했고, 12월 21일에 고종은 칙령을 내려 중추원을 해산하고 독립협회 출신 의관들을 체포했다. 1899년 1월 2일, 승만은 중추원 의관에서 파면됐고, 고종 폐위운동과 공화정부를 세우려 했다는 쿠데타 음모의 공범자로 기소됐다.

승만이 박영효가 꾸민 쿠데타 음모에 연루됐다고 의심받은 이유는 〈매일신문〉과 〈제국신문〉 등에서 열강의 침탈에 대응하지 못하는 조선정부를 신랄하게 비판한 것과 만민공동회 총대위원으로서 극렬한 반정부 시위를 선동한 것 때문이었다.

승만은 남대문 근처에 있던 제중원 원장인 미국인 선교사 에비슨의 집에 몸을 숨겼지만, 1월 9일에 의료선교사 해리 셔먼이 왕진 가는 길에 통역을 부탁하여 따라나섰다가 잡혔다.

한성감옥에서의
신앙 체험

승만은 한성감옥에 갇혔다. 이곳에서 최정식, 서상대 등과 함께 같은 방을 쓰게 됐다. 최정식은 〈매일신문〉에서 논설을 썼고 독립협회활동도 함께했던 사이였으며, 서상대는 박영효의 측근이었다.

세 사람은 쿠데타 음모에 가담한 죄로 사형이나 종신형에 처해질 것을 예상했다. 그래서 탈옥을 시도했다. 경무청 고문인 스트리플링이 면회올 때 따라온 주시경이 두 자루의 권총 육혈포를 몰래 건네주고 돌아갔다. 수감된 지 20일이 넘어가는 1월 30일, 세 명은 권총으로 간수들을 위협하고 탈출했다.

서상대는 압록강을 건너 만주로 갔고, 최정식은 진남포의 일본인 여관에서 주인의 밀고로 잡혀 서울로 끌려왔다. 승만은 두 사람과 헤어진 뒤 시위대가 있다는 종로로 갔다가 다시 체포되었다.

탈옥 과정에서 최정식은 권총을 발사해 간수 김윤길의 팔을 다치게 했고, 그 일로 사형 선고를 받아 즉시 처형되었다. 반면, 승만은 증거로 제출된 권총이 한 발도 발사되지 않은 사실이 밝혀지면서 사형을 면했다. 여기에 더해, 매일 면회를 온 미국 선교사들이 조선 정부에 진정서를 제출한 것도 그의 목숨을 구하는 데 큰 도움이 되었다. 감옥에서 그는 열세 가지의 혹독한 고문을 받았지만, 결국 미국 선교사들의 도움과 무죄를 뒷받침하는 증거 덕분에 처형을 피할 수 있었다.

1899년 7월 11일, 승만은 종신형과 곤장 100대를 선고받았다. 온갖 고문으로 승만의 몸은 허약해질 대로 허약해져 있었다. 실제로 갖은 고문 끝에 죽었다는 소문이 날 정도였다. 그래서 그의 아버지 이경선은 시체라도 돌려달라며 형무소를 찾아오기도 했다.

24세였던 승만에게 남은 것은 절망과 죽음뿐이었다. 이때 승만은 배재학당에서 읽었던 성경 구절들을 떠올렸다.

"네가 너의 죄를 회개하면, 하나님께서는 지금이라도 너를 용서할 것이다."

그동안 승만은 영어공부를 위하여 배재학당에서 성경을 읽었으나 깊은 신앙의 세계는 접하지 못했다. 하지만 종신형을 선고 받고, 한성감옥에서 다시금 성경을 읽으며 예수님을 알게 되었다. 예수님을 만난 승만은 어느 때보다 진심으로 기도하였다.

"오 하나님! 내 영혼과 내 나라를 구해주옵소서."

진심을 다한 기도를 통해 승만은 기독교 이론을 배우는 것에서 신앙을 체험하는 계기가 되었다. 이렇게 신앙을 체험한 후 모진 고문과 감옥생활의 어려움은 평안과 희열로 바뀌어나갔다. 이전에는 맛보지 못했던 정신적 활력을 얻었다. 승만은 자신의 이러한 신비한 신앙 체험을 평생 동안 지인들에게 전했다.

이를 계기로 승만은 콜레라 전염병이 감옥에 돌았을 때도 동료 죄수들을 헌신적으로 간호하고, 물을 떠다 주는 등 간수들도 하지 못하는 일을 대신할 정도로 봉사정신이 투철한 청년으로 변했다. 헌신적인 봉사를 통해 승만은 자신이 체험한 신앙을 죄수들과 간수들에게 알렸다.

또 감옥 안의 죄수들에게 성경을 읽어주고 기독교 교리를 알려주며 40여 명을 전도했다. 승만의 이런 모습은 서양 선교사들의 큰 관심을 끌었다. 몇 년을 노력해도 신도 1명을 얻기 어려웠던 선교사들에게 승만의 선교 업적은 너무나 놀라운 것이었다.

한성감옥
그리고《독립정신》

승만은 1899년 1월부터 1904년 8월까지 5년 7개월 동안 한성감옥에서 감옥생활을 했다. 그곳에서 승만은 독립협회의 간부이자 개화파의 거물들인 이상재, 이원긍, 김정식, 홍재기, 양기탁, 안국선 등과 함께 옥살이를 했다. 배재학당 동문인 신흥우와 유길준의 동생 유성준 등도 감옥에서 다시 만났다. 훗날 하와이에서 만나 독립운동을 하며 때론 협조하고, 때론 갈등을 빚었던 박용만도 한성감옥에서 만났다. 특히 이상재와 신흥우는 승만이 하와이에서 활동하던 시절, 국내 지지세력이 되어 승만의 독립운동을 도운 은인들이다. 승만은 수많은 옥중동지들과 동고동락하면서 그들에게 전도하여 깊은 존경을 받기도 하고 어느 때는 혹독한 비판을 받기도 했다.

한성감옥에 수감되어 있을 때 가족과 선교사들이 면회를 자주 왔다. 아버지 이경선은 승만을 설득했다.

"승만아! 겁 없이 서양귀신이 붙어서 집안을 망치고 있으니 고종에게 사과하고 정신 차려라!"

부인 박씨도 승만에게 눈물로 하소연했다.

"조정에서 와서 집을 다 뒤졌고, 집에 먹을 것이 없어 굶은 지 하루가 넘었습니다."

면회를 온 선교사들은 승만에게 영어 성경과 영문으로 된 책들을 넣어주며 공부하라고 권했다. 특히, 헐버트 선교사는 승만의 결의에 찬 모습을 보고 당부했다.

"네가 꿈꾸는 세상을 이루려면, 모든 비밀은 성경에 있으니 성경을 읽으라."

승만은 감옥에서 생활하는 동안 미국 선교사들이 넣어주는 미국의 인기 잡지 〈아웃룩(Outlook)〉과 영문으로 된 역사책들을 많이 읽었다. 배재학당의 아펜젤러, 벙커, 제중원의 에비슨, 선교사 언더우드 등이 면회를 와서 책을 넣어 주었기 때문에 가능한 일이었다. 그 때문에 영어 실력과 지식수준은 놀랄 만큼 향상되었다.

승만은 가끔 면회를 오는 선교사들과 영어로 이야기했지만, 감옥에서 영어를 쓸 수 없고 잊어버릴 것 같았다. 그래서 영어로 된 《신약성서》를 소리내어 읽으며 외우기 시작했다. 이런 행동 때문에 감옥 생활을 마치고 나왔을 때는 영어가 유창해지고, 더욱 완벽해졌다.

승만은 감옥에서 기독교에 대해 깊은 생각을 했다. 선교사들이 전해준 책에 나오는 자유사상, 기독교사상 등을 통해 기독교가 자유의 종교라고 믿었고, 미국을 기독교가 구현한 이상적인 나라라고 생각했다. 그리고 폐쇄적이고 부패한 나라를 혁신하기 위해 기독교가 좋은 수단이 될 것으로 여겼다.

승만은 영어의 중요성을 인식하고 감옥에서 영한사전을 만들기도 했다. 일본에서 발간된 영일사전을 참고해 1년 동안 8천 단어를 번역하면서 알파벳 F까지 작업을 마쳤다. 이 사전은 영어 단어 옆에 한문으로 뜻을 표기하고, 그 옆에 한글로 다시 풀었다. 지금의 영한사전만큼이나 체계가 반듯하고 내용이 정확하여 완성되었으면 우리나라 최초의 영한사전이 될 수 있었을 것이다.

그런데 이승만의 사전편찬 작업은 1904년 2월 돌연 중단되었다. 러일전쟁이 시작되었기 때문이다. 1904년 2월에 러일전쟁이 터졌다는 소식이 감옥 안에 퍼지자 정치범들은 통곡했다. 조선은 이 전쟁에서 이기는 나라의 식민지가 될 것이 확실했기 때문이었다. 승만은 영한사전 집필 작업을 중단하고 대중 계몽서를 쓰기로 했다.

과거에 썼던 글과 기사들을 정리하고, 책을 통해 새롭게 습득한 그의 생각을 정리하여《독립정신》을 넉 달 만에 탈고했다.

"조선이 멸망하지 않으려면 미국을 모델로 한 문명개화를 통해 부국강병을 이룩해야 합니다."

전통적인 동맹국인 청은 약했고, 러시아와 일본은 한반도에 대한 영토적 야심을 갖고 있어 경계의 대상이었다. 그러나 미국은 조선에 대한 '영토적 야심이 없는 나라'이면서 '국민주권의 민주주의 국가'라는 데서 매력을 느낀 것이었다.

"결론적으로 한국이 독립을 유지하고 발전하기 위해서는 첫째, 정치제도를 개선하여 전제군주제를 일본식이나 영국식의 입헌군주제로 바꿔야 합니다. 둘째, 국가의 지도자를 바꿔야 합니다. 셋째, 우리보다 앞서 있는 미국과 영국을 표본삼아 하루빨리 대외개방정책으로 문호를 개방하여 경제적으로는 상업과 공업, 무역을 활발히 하는 나라로 국가체제를 바꿔야 합니다."

그리고 나아가 기독교를 받아들여 기독교 국가가 돼야 한다고 주장했다. 이 책은 당시에는 출판되지 못했고, 승만이 출옥해서 미국으로 건너간 후인 1910년 2월 10일에 미국 로스앤젤레스에서 출간되었다. 탈고한 지 6년 뒤의 일이었다. 이것이 후에 이승만의 '기독교입국론'이 되었다.

고종의 밀사가 아닌
대한제국의 밀사

승만이 감옥에 있는 동안 국내외 상황은 매우 다르게 변해 있었다. 1896년, '아관파천' 이후 조선은 러시아와 좋은 관계를 맺고 있었고, 상대적으로 일본의 영향력은 약화돼 있었다. 그리고 1900년 청나라의 의화단운동으로 만주에 군대를 파견했던 러시아가 철수하지 않았다. 만주에 머물고 있던 러시아의 군대는 우리나라와 일본에 위협이 되고 있었다. 러시아의 영토확장 정책으로 갈등을 빚고 있던 영국은 1902년에 일본과 영일동맹을 맺고 있었다.

1904년 8월 7일, 승만은 선교사들의 도움을 받아 세 번에 걸친 감형으로 감옥에서 풀려났고, 스물아홉 살이 되었다. 감옥에서 나온 승만에게 미국 선교사들은 미국으로 유학을 가라고 말했다.

"승만, 조선에 있다가는 또다시 감옥에 가거나 죽을 수도 있으니 미국으로 유학을 가면 좋겠소."

미국의 여러 선교사들의 권유에 승만은 미국으로 가기로 결심했다.

당시 대한제국은 제1차 한일협약으로 사실상 일본에 넘어간 상태였다. 고종은 미국에게 도움을 요청할 생각을 했다. 1882년 조미수호통상조약에 '조선이 제3국으로부터 부당한 침략을 받을 경우 미국은 즉각 개입하여 거중조정을 함으로써 조선의 안보를 보장한다'는 조항이 있었기 때문이었다.

고종이 이런 생각을 하고 있을 때, 승만이 미국으로 떠난다는 소식을 들었다. 고종은 승만에게 밀사의 임무를 맡기려고 궁녀를 보냈지만, 승만은 고종을 만나지 않았다. 아마도 고종을 무능한 군주라고 생각하고, 그에게 더 이상 희망이 없다고 생각했기 때문일 것이다.

고종의 요청에 응하지 않자, 승만을 아끼는 법무대신 민영환과 참정대신 한규설이 정부의 밀사로 갈 것을 재차 요청했고, 승만은 그를 받아들였다. 승만은 황제의 밀사가 아닌 정부의 밀사로 미국으로 떠나게 되었다.

승만의 미국행은 당시 신문에 보도될 만큼 관심의 대상이었다. 〈대한매일신보〉 11월 5일자 영문판은 "최근에 정간당한 제국신문의 주간 이승만은 미국을 방문하기 위해 출국했다. 그는 3년 동안 떠나 있을 예정이다"라고 보도했고, 〈황성신문〉 11월 5일자에는 "이승만이 유람차 미국으로 떠났다"라고 보도했다.

1904년 11월 4일, 승만은 밀사의 신분을 숨긴 채 제물포항에서 일본 고베를 경유해 미국 하와이로 갔다. 그의 가방에는 민영환이 전해준 밀서와 미국유학을 위해 선교사들이 써준 19통의 추천서가 들어 있었다.

승만이 하와이에 도착했을 때, 윤병구 목사를 비롯한 교포들이 그를 환영했다. 승만은 에와 농장에 모인 200여 명 한인 노동자들 앞에서 밤늦게까지 열정적으로 연설했다. 그리고 조국에 대한 울분으로 한인들과 함께 스코틀랜드 민요 〈올드 랭 사인(Auld Lang Syne)〉의 곡조에 가사를 붙인 〈애국가〉를 부르고 헤어졌다.

승만은 하와이를 떠나 샌프란시스코, 로스앤젤레스, 시카고를 거쳐 12월 31일 저녁 7시에 워싱턴에 도착했다. 승만이 워싱턴에 온 이유는 러일전쟁을 마무리하기 위한 포츠머스 강화회의에서 대한제국의 독립에 관해 호소하려고 했다.

승만은 하원의원 휴 딘스모어를 찾아갔다. 딘스모어는 1887년부터 2년 동안 주한미국공사로 일한 친한파 인사였다. 민영환과 한규설의 추천서를 보여주자 딘스모어는 미국무장관과의 면담을 주선해주었다.

1905년 2월 20일, 이승만은 존 헤이 국무장관을 만났고, 이 자리에서 장관은 '미국 정부는 조미조약에 명시된 제반의무를 전력으로 이행하겠다'고 약속했다. 희망에 찬 이승만은 국내의 민영환과 한규설 앞으로 자세한 면담보고서를 보냈다.

그러나 이 일은 중단되고 말았다. 그해 7월에 존 헤이 국무장관이 갑작스레 병으로 사망했기 때문이었다. 존 헤이 국무장관을 통해 미국 대통령을 만나 대한제국의 독립보전을 촉구하려던 계획에 차질이 생긴 것이었다.

루스벨트와의 만남,
그리고 을사늑약

미국 대통령을 만나는 일을 성사시키기 위해 윤병구 목사가 하와이 교민 4,000명의 독립보존청원서를 가지고 승만이 있는 워싱턴에 왔다. 특히 윤 목사는 미국 대통령에게 보내는 미 국방장관 윌리엄 태프트 소개장도 가지고 왔다. 국방장관이 일본 정부와 사전협의를 하기 위해 일본 순방 길에 나서면서 하와이에 들렀을 때, 와드먼 목사의 도움으로 소개장을 받아낸 것이었다.

승만과 윤 목사가 시어도어 루스벨트 미국 대통령을 만나려는 이유는 그가 러시아와 일본 사이에서 중재자 역할을 하려고 했기 때문이다. 승만과 윤 목사는 절박한 마음으로 미국 대통령에게 러시아와 일본 사이에 끼어 있는 조선의 독립보전을 부탁하려고 했다.

1905년 8월 4일, 드디어 승만과 윤 목사는 뉴욕 롱아일랜드에 있는 사가모어 힐 별장에서 루스벨트 대통령을 만났다. 〈워싱턴포스트〉지에 그들과 대통령의 면담이 기사로 실렸고, 이것을 본 미국 교민들은 힘을 얻기도 했다. 또한 미국 대통령 면담이 한국에도 전해져 단숨에 청년 승만의 명성이 높아졌다.

"미국 정부는 대한제국의 독립을 유지할 의무가 있으며 이번 강화회의에서 그 의무를 이행해 달라."

루스벨트 대통령은 하와이 한인들의 청원서를 훑어보고는 요구사항을 워싱턴의 대한제국 공사관을 통해 미 국무부에 정식으로 제출하라고 했다. 승만은 그의 말에 희망을 가졌다.

하지만 당시 루스벨트는 1905년 7월 31일에 '가쓰라-태프트 밀약'을 추인한 상태였다. '가쓰라-태프트 밀약'은 1905년 7월 27일, 도쿄에서 '미국은 러일전쟁 후 조선을 일본의 보호국으로 만드는 데 동의한다'라고 미 국방장관 윌리엄 태프트와 일본 총리 가쓰라 다로가 합의한 밀약이다.

더구나 승만이 롱아일랜드 별장에 방문한 날은 러시아 대표단이 포츠머스 조약과 관련해서 의논하기 위해 루스벨트를 만나기로 되어있던 날이었다.

루스벨트는 러시아 대표단을 만나기 직전에 잠시 승만과 윤 목사를 만났던 것이었다. 러일전쟁에서 러시아가 일본에게 배상금을 지불하는 대신 일본이 한국을 지배하는 것에 대해 러시아가 간섭하지 않겠다는 러시아와 일본의 밀약을 앞둔 상황에서 미국이 승만의 요청을 받아들일 처지가 아닌 상황이었다.

루스벨트 대통령이 승만과의 만난 것은 단순한 외교적 제스처에 불과한 것이었다. 이 사실을 전혀 몰랐던 승만과 윤 목사는 청원서를 미 국무부에 정식으로 요청하기 위해 급히 워싱턴 공사관으로 찾아갔다.

그러나 대한제국 공사 김윤정은 대한제국 정부로부터 훈령을 받지 않고서는 청원서를 미 국무부에 보낼 수 없다며 흥미와 관심을 보이지 않았다. 김윤정은 이미 조선의 멸망을 예상하고 일본 공사관과 내통하고 있었다. 김윤정은 청원서를 미 국무부에 전달하지 않았다는 공로를 일본에게 인정받아 후에 한국에 돌아와 도지사로 임명된다.

승만과 윤 목사의 노력에도 곳곳에서 방해하는 세력에 의해 대미외교에 실패했다. 대미외교의 실패의 직접적인 원인이라고 할 수 없지만, 조선 왕실부터 관료들까지 부패하고 무능한 정부의 실태를 보여주는 사건임에는 틀림없었다.

원대한 포부로 미국 땅을 밟은 승만은 강대국 위주의 냉정한 세계 정치 상황에 짓눌린 약소국 국민의 처절함을 느꼈다.

그리고 결국 1905년 11월 17일 을사조약으로 대한제국의 외교권은 박탈당하고 말았다. 이 조약으로 대한제국은 일본으로부터 보호받는 일본의 보호국이라는 말로 일본의 식민지가 되었다.

민영환이 분을 이기지 못해 자결했다는 소식이 미국에까지 전해졌다. 승만은 사흘 동안 통곡을 했다. 어쩌면 승만은 통곡의 눈물과 함께 무능하고 부패한 왕실에 대한 분노도 흘려보냈을 것이다.

분노조차 남지 않은 조선왕실을 뒤로하고 승만은 미국에서 학문에 전념하면서 본격적으로 독립운동을 했다. 그리하여 이승만의 분노는 자연히 조선왕실에서 일본으로 옮겨가고 있었다.

제2부

일본에 대한 분노

오로지 희망은
학문이다

1904년 말, 승만이 조선을 떠날 때 많은 선교사들은 승만을 위해 추천사를 써줬다. 선교사들은 추천사에서 이렇게 적었다.

"이승만이 정치범으로 6년간 감옥생활을 할 때 40여 명의 동료 죄수들을 기독교도로 개종시킨 사실이 있습니다. 그가 장차 한국 기독교계에서 주도적 역할을 할 것임을 보증합니다. 이승만에게 2~3년 정도 교육받을 수 있는 기회를 베풀어 줄 것을 요청합니다."

1905년 2월, 햄린 목사의 도움으로 승만은 워싱턴에 있는 조지워싱턴 대학교 콜롬비안 학부에 편입했다. 배재학당의 학력을 초급대학 과정으로 인정받고, 인터뷰를 통해 영어 실력을 인정받아 2학년 2학기 과정부터 시작할 수 있었다.

승만은 여기서 2년 반 동안 서양학문의 기초 과목들을 공부하면서 미국정치의 흐름과 세계정세의 역학관계를 파악했다. 승만은 자서전에서 미국에서 계속 공부하려는 이유를 이렇게 말했다.

"그때부터 나는 공부에 전념했습니다. 오로지 남은 하나의 희망은 한국 사람을 갱생시키는 것이고, 그 길은 기독교 교육이라고 나는 믿었습니다. 나의 인생 목적은 그 일을 위해 준비하는 것이었습니다. 나는 미국에서 쓰이기 위해 서양교육을 받은 것이 아니라 그 교육을 통해서 서양 책들을 한국말로 번역하기 위한 것이었습니다."

1905년 11월, 승만이 조지워싱턴 대학에 입학한 해에 국내에서는 '을사늑약'이 체결되었다. 제2차 한일협약으로도 불리는 이 조약은 일본이 대한제국을 강압해 체결한 불평등조약으로, 외교권 박탈과 통감부 설치 등이 주요 내용이었다.

승만은 대학에서 공부를 하면서 본격적으로 강연이나 설교를 하고 다녔다. 그가 전한 내용은 조선이 독립국이라는 사실이었다.

"조선은 오천 년 역사를 가진 독립국이며, 조선 민족은 일본의 통치가 필요 없는 자주 국민입니다."

승만은 미국인들에게 이렇게 강연하는 일에 힘쓴 이유는 여론을 형성하고자 했다. 또한 워싱턴 근교 교회와 YMCA 등을 돌며 강연을 통해 조선의 전통과 문화를 알리는 전도사 역할을 했다.

승만은 타고난 연설가였다. 한국에서 미국인 선교사들의 일상과 동서양 문명의 충돌 같은 에피소드를 이야기하며 청중들을 이끌고 가는 힘이 있어 인기가 좋았다.

특히 미국 기독교인에게 "Are you real christian?"(당신은 진정한 기독교인인가요?)라는 질문을 자주 던졌다.

"기독교 정신은 약자를 보호하는 데 있습니다. 미국인인 여러분이 진정한 기독교인이라면 일본이 한국을 침략하는 이러한 문제를 묵인해서는 안 됩니다."

때로는 논리적으로, 때로는 감성에 호소하며 다양한 방법을 통해 여론을 형성하기 위해 노력했다.

'강연뿐만 아니라 각종 신문에 기고도 해야겠어!'

승만은 한국에서 언론 활동을 해보았던 경험으로 기고문을 작성했다. 글의 주제가 무엇이든 항상 마지막에는 일본의 팽창은 미국에게도 위험이라는 점을 내세웠다. 그리고 한국의 독립에 미국인들이 관심을 가져야 한다고 주장했다.

승만은 학교 수업보다는 강연에 더 시간을 보내면서 힘든 시간을 보냈다. 어느 때는 제대로 먹지도 못했고, 학교 성적은 좋지 못했다. 선교사들의 추천으로 등록금은 면제되었지만, 생활비는 직접 마련해야 했다. 그래도 강연을 해서 받은 돈은 미국에서 생활하는 데 도움이 되었다.

그러던 어느 날, 사랑하는 아들 태산이 병으로 죽고 말았다. 한국인의 이민조차 생소하던 그 시절에 승만에게 유학생활은 힘겨운 나날이었다. 외아들을 잃고 생활고를 겪었지만, 승만이 가장 서러웠던 것은 나라가 없다는 현실이었다.

나라를 사랑하는 승만의 마음은 그의 국적에도 그대로 나타났다. 승만은 충분히 미국 국적을 취득할 수 있음에도 해방되어 대한민국이 건국되기 전까지 미국 국적을 취득하지 않고, 무국적자로 지냈다. 이승만의 외교 독립투쟁은 시간과 장소에 구애받지 않고 미국에 있는 동안 진행되었다.

유학기간동안 많은 시련이 있었지만, 승만은 1907년 6월 5일 조지워싱턴 대학을 졸업했다. 그에게 계속 관심을 보여 온 〈워싱턴포스트〉지는 졸업식에서 승만이 가장 많은 박수를 받았다는 기사를 실었다.

졸업 후 승만에게는 두 가지 길이 있었다. 하나는 귀국해서 조국의 독립을 위한 활동을 하는 것이고, 다른 하나는 이대로 미국에 남아 공부를 더 하는 것이었다. 승만은 고민에 빠졌다. 이 무렵 아버지에게 편지가 왔다.

"승만아! 네가 미국에서 쓴 신문 기고와 강연 활동 때문에 일본 관헌들의 심기가 불편하다. 그러니 당분간 귀국하지 마라!"

승만은 아버지의 편지를 보고, 미국에 남기로 결심했다. 1907년 9월, 승만은 미국 최고 명문대인 하버드 대학교에 입학해 석사과정을 밟았다. 승만의 노력과 선교사들의 도움으로 이루어진 일이었다. 승만은 하버드에서 주로 미국 역사와 유럽 근대사, 그리고 정부론 등의 강의를 들었다.

'왜 서양은 동양보다 근대화를 이룰 수 있었을까?'
'왜 우리는 근대화를 빨리 이루지 못한 걸까?'

이러한 궁금증을 서양사를 통해 해소하고자 했다.

"우리나라가 근대화를 앞당겼다면, 일본의 침략을 충분히 막을 수 있었을 거야!"

이런 아쉬움에서 출발한 학문에 대한 열정을 불태웠다. 승만은 외교학도 따로 선택해 수강했다.

"외교만이 나라를 빼앗긴 한국이 독립을 할 수 있는 마지막 희망이야!"

실제 당시 공부했던 서양사와 외교 공부를 통해 이후에 서양 국가들과의 외교 활동에서도 그들의 논리로 그들을 설득하며 외교에 탁월한 능력을 보였다. 승만은 강연 활동을 빼고 공부에만 전념해서 1년 안에 석사학위에 필요한 모든 과정을 끝냈다. 논문 제출만이 남아 있었다.

그런데 그때 승만이 하버드에서 학업을 지속할 수 없는 사건이 생겼다. 교포 장인환과 전명운이 친일 성향의 미국인 스티븐스를 권총으로 살해한 사건이었다. 무장독립투쟁으로 미국 내에서 대한제국 독립운동에 대한 여론이 악화되었고, 이는 승만의 논문 심사에도 영향을 미쳤다.

승만은 이탈리아 통일 운동에 대한 석사 논문을 제출했지만, 지도교수는 면담조차 하지 않으려고 했다. 2년이 지난 후 추가 과정을 이수하고 석사학위를 받을 수 있었지만, 그 당시 승만은 하버드를 떠날 수밖에 없었다.

대한인국민회
지도자로 부상

승만은 1908년 1월 초부터 미국에 건너와 있던 옥중 동지 박용만, 유학생 이관용 등과 함께 덴버에서 개최되는 민주당 대통령 후보 선출대회에 맞춰 '해외동포대회'를 기획했다.

"미국인들의 관심이 높은 대통령 후보 선출대회에서 한국의 문화와 독립보전을 알리면 여론 형성에 효과가 있을 것입니다."

미국의 각 지역에서는 물론 러시아, 중국, 일본, 영국 등에서 40명 이상의 한인대표가 모였다. 승만은 만민공동회 활동과 루스벨트 대통령 면담 등의 과거 경력 때문에 의장으로 선출되었다.

승만은 6일 동안의 회의를 주재하면서 앞으로 조선이 독립할 방향으로 평화주의를 택해야 한다고 주장했다.

"먼저, 미주 지역에 난립한 독립운동단체들을 통일하는 것이 필요합니다. 그리고 한국 교민들의 문화수준을 높이기 위해서 기독교 교육을 통한 교육 출판 활동을 해나가야 합니다."

이를 계기로 한인들은 재외한인단체들을 통합할 것, 양서를 한문 번역하는 전문 출판사를 설립할 것, 세계정세를 다룬 서적을 조선에 배포할 것 등을 결의했다. 미국 내에서 다양한 독립운동 활동을 통해 승만은 미주 한인 사회와 한국에서 지도자로서 입지를 굳건하게 했다.

덴버회의를 마친 후 승만은 미국 서부의 샌프란시스코와 로스앤젤레스에 있는 한인동포단체, '공립협회'와 '대동보국회'를 둘러보았다. 공립협회는 정부관료 출신 인사들이 설립한 곳으로 승만에게 호의적이지 않았고, 한성을 포함한 경기도와 충청도를 중심으로 활동했던 기호 출신 인사들이 만든 대동보국회는 승만을 자신들의 지도자로 추대하려고 했다. 하지만 승만은 자신을 지도자로 추대하려는 대동보국회에 가입하는 것을 보류했다.

"제 생각에는 동포들의 단결이 중요하다고 생각합니다."

그리고 1910년 2월 1일, '대한인국민회'로 두 단체가 통합되자 곧바로 가입신청을 했고, 1910년 3월 21일 국민회 입회증서를 교부받았다.

1908년 3월 23일, 승만이 미주 한인사회에서 지도자로서의 입지가 흔들릴 수 있는 사건이 샌프란시스코에서 일어났다. 교포였던 장인환과 전명운 두 사람이 일본의 조선 침략을 찬양하던 미국 외교관리 스티븐스를 권총으로 암살한 사건이었다.

스티븐스는 일본 통감부 외교고문으로 일하면서 각종 신문에 일본이 한국을 지배하는 것이 정당하다는 논리를 펴온 유명한 친일파 인사였다.

"일본은 한국에 문명을 전파하고 각종 개혁을 추진해주고 있다. 이는 한국을 위해 꼭 필요한 일이며, 정부 관리들은 물론 일반백성들도 일본인들을 환영하고 있다."

장인환과 전명운은 스티븐스를 찾아가 신문 내용에 대해 사과하고 해명하라고 요구했다. 그러나 스티븐스가 사과를 거부했고, 화가 난 이들은 스티븐스를 향해 권총을 쏜 것이었다.

장인환과 전명운 두 사람은 현장에서 바로 체포되었고, 한인사회는 대대적인 모금활동을 벌이면서 재판 준비에 들어갔다. 네이던 코글턴, 배럿, 로버트 페럴 등 3명의 변호사를 선임했지만, 통역이 문제였다. 한인단체는 당시 미국에서 유학 중이며 대중적 명망이 있는 승만에게 통역을 요청했다.

이때 승만은 덴버회의 일정을 마치고 보스턴에 돌아와 하버드에서 석사학위 논문을 준비 중이었다. 미국 대륙 반대편에 있는 샌프란시스코에서 재판의 통역을 맡아 달라는 부탁을 받은 것이었다. 7월 16일, 샌프란시스코에 도착해 사정을 두루 살핀 승만은 통역을 할 수 없다고 정중히 거절했다.

승만의 거절로 한인사회에 큰 혼란이 일어났다. 그동안 독립을 부르짖으며 독립운동을 결의하고 지도자가 되려고 하는 사람이 민족의 울분을 씻어준 의거에 대해 통역을 거절했다는 사실은 어떤 이유로도 명분이 서지 않았다.

승만의 거절은 일제에 대한 분노와 나라를 잃은 절망 속에서 고통을 받고 있던 많은 이들의 기대를 저버리는 결정이었다. 이 일로 인해 승만은 수많은 독립운동가에게 비판을 받았다.

승만은 이런 비판을 받을 것을 알고 있었지만, 통역을 거절한 것은 크게 두 가지 이유였다.

먼저, 승만은 배재학당과 미국 유학생활을 거치면서 기독교적 사고가 몸에 배어 있었다. 기독교도로서 살인을 정당화 하는 일에 참여할 수 없다는 것이 그 이유였다.

두 번째는 종교 여부를 떠나, 승만은 폭력적인 행동이 일시적인 울분을 씻어줄 수는 있어도 결코 국익에는 도움이 되지 않는다고 믿었다. 승만은 독립운동의 방향과 전략이 절대 무력이 되어서는 안 된다고 생각했다. 그보다는 외교적 노력으로 이루는 비폭력 평화적 방법을 찾고자 했다. 무력투쟁은 오히려 서양 국가들에게 조선독립에 대한 부정적인 인식만 남겨줄 우려가 크다고 생각했다.

이렇게 승만의 확고한 태도는 주변 사람들에게 많은 오해와 갈등을 불러일으키기도 했다. 그리고 이러한 승만의 성향은 승만의 기나긴 인생에서 여러 정치 세력들의 지원과 협조를 받는 데 어려움이 되기도 했다.

프린스턴에서
인맥을 구축하다

승만은 1908년 9월 학기부터 뉴욕 근교에 있는 동부의 명문 프린스턴 대학교에 입학해 박사과정을 시작했다. 프린스턴 대학에서는 신학 과목 일부와 국제법 강의를 들었다. 프린스턴에서 처음으로 신학과에서 제공하는 기숙사를 이용하며 학비와 생활비 걱정 없이 공부에만 전념할 수 있었다.

승만은 미국에서 독립운동을 할 때 그에게 큰 도움이 될 인맥을 프린스턴 대학에서 구축했다. 신학대학장 찰스 어드맨 박사, 대학원장 앤드류 웨스트 박사, 그리고 나중에 뉴저지 주지사를 거쳐 미국 대통령이 되는 우드로 윌슨 총장과 그의 가족들 등이다. 프린스턴 총장이자 정치학과 교수인 우드로 윌슨은 정치학과에서 유일한 동양학생인 승만을 자주 집으로 초대하고 친하게 지냈다.

나중에 윌슨이 미국 민주당 대통령 후보가 되었을 때도 승만이 윌슨을 만날 수 있었던 것은 둘째 딸인 제시가 별장에서 가족휴가를 보낼 때 개인적으로 승만을 초대했기 때문에 가능한 일이었다. 그렇게 승만은 윌슨이 민주당 후보일 당시 제시를 통해 두 번이나 윌슨을 만날 수 있었다.

승만은 프린스턴 대학교에서 국제법과 외교사를 전공했다. 그가 국제법을 전공한 데는 이유가 있었다. 조선왕조는 1870년대부터 일본, 미국, 독일, 러시아 등 외국과 조약을 맺게 되었다. 최초의 조약은 일본과 맺은 '강화도조약'이었고, 두 번째 조약은 미국과 맺은 '조미수호조약'이었다. 이 조약들은 외국이 강요하는 불평등조약이었는데, 국제법이 무엇인지도 몰랐기 때문에 속수무책으로 맺을 수밖에 없었다.

"일본만 해도 외국에 문호를 개방하면서 자국 내에 국제법을 공부한 사람들이 많이 있었어. 한국이 독립을 유지하려면, 국제법을 공부할 필요가 있어!"

1910년 6월 14일, 승만은 "미국의 영향하에 발달된 국제법상 중립"이라는 제목의 논문으로 박사학위를 받았다. 이승만은 근대적인 학문을 공부하고 정식으로 박사 논문을 발표한 최초의 한국인이 되었다.

그의 논문은 18세기 영국, 스페인 등 유럽 해양 강국들이 전쟁 중 '국제 교역의 중립적 자유'를 법률적으로 어떻게 다뤘는지 살피고, 19세기 미국과 영국 사례를 분석했다. 당시 우리나라가 강대국의 틈바구니에서 살아남을 방법은 미국의 영향력 안에 있는 영원한 중립국이라는 것을 예견했다.

이 논문은 프린스턴 대학교 출판부에서 2년 뒤에 출판되었는데, 제1차 세계대전으로 전시중립 문제가 중요하게 부각되면서 학계의 관심을 끌었다. 한반도의 상황과는 직접적인 연관은 없지만 우리 민족이 살 길은 국제법과 외교학에 능통해야 한다는 고뇌를 담은 것이었다.

1910년 8월 29일, 대한제국이 일본에게 넘어갔다. 이 소식을 들은 승만은 앞이 막막했다. 그때 서울의 기독청년회(YMCA)로부터 연락이 왔다. 조국에 돌아와 교육 사업을 맡아달라는 부탁이었다.

귀국,
그리고 YMCA 운동

1910년 9월 3일, 승만은 귀국하기 위해 뉴욕에서 영국 리버풀로 가는 배에 몸을 실었다. 태평양이 아닌 대서양 항로를 택한 것은 유럽 문명을 관찰하기 위해서였다. 승만은 런던에서 파리로, 베를린을 지나 모스크바를 거치며 유럽의 문명들을 관찰했다.

승만은 모스크바에서 시베리아 횡단철도를 타고 만주에 도착했다. 그리고 대한제국이 일본에게 넘어간 지 두 달 후인 10월 10일, 서울역에 도착했다. 승만은 조선에 들어오기 위해 압록강을 건널 때 조선인이 아닌 일본인 관리들에게 입국 심사를 받았다. 강제 침탈된 조국의 현실이었다.

당시 서울 YMCA는 미국인 선교사 필립 질레트가 총무를 맡고, 브로크만이 협동총무를 맡고 있었다. 한국인 간사들로 이상재, 김정식, 유성준, 윤치호 등이 종교부, 교육부, 학생부를 이끌었다. 거의 대부분의 인물들이 한성감옥 시절에 알고 지내던 선배이자 지인들이었다.

승만은 이곳에서 1910년 10월부터 1912년 3월까지 1년 5개월 동안 한국인 총무 겸 학감으로 일했다. 조선 YMCA는 일본과 미국은 물론 유럽의 YMCA와 유대관계를 맺고 있어서 일종의 치외법권지대와 마찬가지였다. 이것은 승만이 첫 직장을 YMCA로 결정하는 데 큰 이유가 되었다. 일본 관헌들의 감시도 피할 수 있고 신변도 보장받을 수 있었기 때문이었다.

승만은 조선 YMCA에서 성경과 국제법을 가르쳤다. 또한 그는 YMCA 국제위원회 총무 존 모트 박사가 저술한 《학생청년회의 종교상 회합》과 《신입학생인도》라는 두 책을 번역해 1911년 5월과 10월에 각각 출판했다. 미국 유학 시절에 다짐했던 계몽운동을 실천한 것이었다.

승만이 귀국할 즈음 조선의 기독교도들은 '백만인 구령운동'에 매진하고 있었다. 그가 서울에 도착한 10월에도 한 달 동안 대전도집회가 열리고 있었고, 그에 앞선 6월에는 서울 진관사에서 한국 역사상 최초의 초교파 학생집회인 제1회 '기독학생하령회'가 열렸었다. 이렇게 기독교 청년운동이 활발히 전개되고 있었다.

승만은 귀국 후 미국의 자유주의와 기독교 문명을 청소년들에게 전파하면서 1911년에 두 차례 전국을 돌며 순회강연을 했다. 전국적으로 YMCA 조직을 확산시키기 위해서였다.

일본 헌병들은 활발하게 움직이고 있던 승만을 감시하기 시작했다. 일본 제국주의자들은 조선에서의 개신교 민족주의 운동을 탄압하고 있었다. 한일합병 이후에 유일하게 남은 세력이 기독교 조직을 바탕으로 한 독립운동 세력이었기 때문이었다. 그래서 일본은 윤치호를 비롯한 기독교 지도자들을 일망타진하는 계획을 세웠는데, 바로 '105인 사건'이다.

일본 경찰은 '테라우치 총독 암살 미수'라는 죄목을 만들어 무고한 700명을 검거하고, 1912년 6월 28일에 열린 첫 공판에서 105인에게 실형을 선고했다. 당시 승만도 체포 대상이었지만, 승만은 체포되지 않았다.

이번에도 미국 선교사들의 보호 때문이었다. YMCA의 질레트와 존 모트, 일본의 감리교 감독 비숍 해리스, 장로교 해외선교부의 아서 브라운, 하버드 대학교 총장 찰스 엘리엇이 일본에게 경고했기 때문이었다.

"미국에서 잘 알려진 유명인사인 승만이 일본에 의해 체포되면 외교적 마찰이 일어날 것입니다. 그를 체포해서는 안 됩니다."

선교사들의 도움으로 승만은 체포되지 않았지만, 조선에 있는 것이 불안해졌다. 미국인들이 승만을 계속 보호해줄 수도 없는 노릇이었다. 주변에서는 승만에게 조선을 떠날 것을 계속 권유했다.

"1912년 5월에 미국 미니애폴리스에서 세계 감리교 평신도대회가 열리는데, 승만 자네가 조선대표로 참석하면 어떻겠나?"

미국으로 망명, 그리고 독립운동

1912년 3월 26일, 38세가 된 승만은 주변 사람들의 권유로 서울을 떠났다. 미국 미니애폴리스에서 열리는 세계 감리교 평신도 대회에 참석하기 위해서였다. 승만은 부산에서 배를 타고 먼저 일본에 도착했다. 일본의 가마쿠라에서 열린 한인 기독학생모임에 참석해 4월 5일에 노정일, 정세윤 등 26명의 창립회원으로 '학생복음회'를 발족시켰다.

4월 6일에는 도쿄의 YMCA에서 유학생들에게 "조선유학생들에게 거는 기대"라는 제목으로 연설했다. 당시 도쿄 YMCA에는 송진우, 이광수, 안재홍, 신익희, 최린, 조소앙, 김병로, 이인, 전영택 등 해방 이후 한국을 이끌 지도자들이 드나들고 있었다.

4월 10일, 승만은 감리교 동북아 책임자인 해리스 감독과 함께 미국으로 떠났다. 승만은 미국에 도착하자마자 미니애폴리스로 가서 한 달간 열린 기독교 감리회 총회에 참석했다. 이 총회에서는 조선의 자주독립이 국제평화에 필수적이며, 이를 위해 세계 기독교도들이 단결해야 한다는 내용으로 연설했다.

"기독교와 민주주의 정신은 약자를 보호하는 데 있습니다. 지금 일본은 무력으로 조선의 주권을 빼앗고 한국인을 지독히 탄압하고 있습니다. 그러니 세계의 기독교도는 모름지기 단결하여 이 피압박 민족을 하루 바삐 해방시키고 아시아의 평화를 이룩하며 나아가서는 세계평화 유지에 이바지하여야 할 것입니다. 나는 이를 전능하신 하나님의 뜻으로 생각합니다."

1912년 5월 말, 총회가 끝났다. 당시 승만은 자신을 YMCA로 초청했던 언더우드로부터 연희전문학교 교수로 부임하라는 제안을 받았지만, 연희전문학교의 설립이 늦어져서 부임할 수 없었다.

승만은 프린스턴 대학교 은사이던 윌슨을 찾아가 도움을 청하기로 했다. 윌슨은 뉴저지 주지사 신분으로 민주당 대통령 후보가 되어 있었다. 윌슨의 둘째딸 제시의 도움으로 윌슨을 만난 승만은 식민지 조선의 참상을 설명하고, 대통령 선거 유세 중에 '105인 사건'에 연루된 조선 기독교 지도자들의 석방을 촉구하는 발언을 해줄 것을 요청했다. 그리고 조선의 독립을 세계에 알리는 성명서에 서명을 해달라고 부탁했다. 하지만 윌슨은 승만의 청을 완곡히 거절했다.

"개인적으로는 동의하지만, 미국의 정치적 상황을 고려하면 서명을 할 수 없습니다. 나는 모든 약소국을 위해 할 일을 생각 중입니다."

그리고 후에 윌슨은 민족자결주의 선언을 통해 자신의 신념을 실현했다. 미국 유학시절 승만은 조선의 독립을 시간과 장소에 구애받지 않고 주장해왔다는 점에서 윌슨의 민족자결주의 선언에는 이승만의 영향이 컸다고 할 수 있다.

1912년 8월 14일, 이승만은 한성감옥 동지인 박용만을 찾아가 이후에 무엇을 해야 할지 오랫동안 논의했다. 그리고 미국에서 한국 동포가 가장 많이 거주하고 있는 하와이로 건너가서 그곳에서 장기적인 독립운동을 펼치자고 뜻을 모았다.

하와이에서의 독립운동

당시 하와이는 독립운동을 하는 데 중요한 장소였다. 1900년도 초반 미국 본토에 한인이 800명이 살고 있었고, 하와이에는 4,000여 명이 넘는 한인이 살고 있었기 때문이다.

1913년 2월, 승만은 하와이 호놀룰루에 도착했다. 그곳에는 미국 감리교 선교부에서 운영하는 한인기숙학교가 있었다. 하와이 각 지방에서 모여든 남학생 65명이 기숙사에서 숙식을 하며 한국어와 한국문화를 배우고 있었다.

당시 여러 섬에 흩어져 살고 있던 한인 4,000여 명의 삶은 비참했다. 대부분 노동자로 일하고 있었고 아이들은 방치되어 있었다. 소녀들은 미국인이나 중국인에게 팔려갔다. 승만은 그 모습을 보고 큰 충격을 받고 분노했다.

"교육만이 이들의 인생을 바꿀 수 있어!"

그래서 승만은 아이들을 중심으로 교육을 시작했다. 1913년 9월, 감리교 선교부의 와드먼 목사에게 한인기숙학교를 물려받고 '한인중앙학원'이라고 이름을 바꾸었다. 학제도 개편해서 고등과, 소학과, 국어과 및 한문과를 설치했다. 승만은 교육을 통해 민족해방 운동을 하고 학생들에게 민족의식을 심어주기 위해 한글과 한국문화 교육을 실시한 것이다.

하지만 안타깝게도 한인중앙학원의 교육은 얼마 가지 못했다. 승만은 1915년 6월에 원장직에서 물러나고, 미국 감리교 선교부에서도 탈퇴를 했다. 1914년 초에 와드먼의 후임으로 부임한 감리사 프라이와의 의견 대립 때문이었다.

프라이는 부임하자마자 승만이 하고 있던 한글과 한국문화 교육을 하지 못하게 했다. 교단의 방침에 따라 한국인, 중국인, 일본인의 구분 없이 미국 시민이 되는 인종 종합 교육을 시키려 했기 때문이다.

한인들이 피땀 모아서 교회를 짓고 독립자금을 모으는 것을 미국 재단에서 통제하려고 한 것이었다. 승만은 교민들에게 모금활동을 벌이고 대한인국민회의 지원을 받아 1916년 3월 10일, 73명의 학생을 모집해 '한인여자학원'을 세워 미국 재단으로부터 독립했다. 이곳은 1918년 9월에 '한인기독학원'으로 이름을 바꾸고, 한인 최초의 남녀공학제 민족교육기관으로 되었다.

승만은 한인 자녀들에게 한글과 우리 역사를 가르쳤다. 한인기독학원은 하와이 한인사회의 민족교육을 담당하는 중심 기관으로 조금씩 자리를 잡았다.

승만은 한인기독학원을 더욱 확장하기로 했다. 1921년 2월, 칼리히 계곡에 약 5백만 평에 달하는 대지를 마련하고 여기에 학교를 지었다. 승만이 이렇게 교육에 몰두한 이유는 동포들을 교육시켜 독립운동을 할 인재를 키우는 것이 나라를 되찾는 방법이라고 생각했기 때문이었다.

승만은 교육사업과 동시에 출판사업에도 힘을 썼다. 우선 승만은 서울에 있을 때 겪은 '105인 사건'을 분석한 《한국교회 핍박》을 출간했다.

"일본이 조선에서 기독교인들을 탄압한 이유는 교회가 자유주의 사상을 퍼뜨려 일본의 군국주의 체제를 무너뜨릴까봐 두려워했기 때문입니다. 그리고 교회가 청교도적 윤리를 강조함으로써 조선인들을 도덕적으로 건전하게 만드는 것도 염려했기 때문입니다."

승만은 또한 순한글의 월간 〈태평양잡지〉를 창간했다. 교포들을 대상으로 한 이 잡지에서 승만은 주필이 되어 기독교 신앙과 애국애족정신, 독립사상을 심어주는 내용의 글을 발표했다. 이 잡지는 1930년 말에 〈태평양주보〉로 이름이 바뀔 때까지 17년 동안 발간되었고, 하와이 한인사회의 대표적인 주간지로 자리 잡았다.

승만은 이 잡지를 통해 이미 학식이 있는 사람들을 분발케 하는 것도 중요한 일이지만, 더욱 신경을 써야 할 것은 평민들의 교육이라고 주장했다.

"우리나라의 독립과 그 이후의 국가 전반에 걸쳐 일반 백성이 중요한 역할을 해야 할 것입니다. 그래서 국민교육이 중요합니다. 이런 맥락에서 한글만 사용하는 것이 중요합니다."

1924년, 승만은 독립운동의 일환으로 '대한인동지회'를 조직하고 하와이에 본부를 두고 본토 각지에 지부를 두면서 독립운동을 진행해갔다.

외교력에 기반한
독립운동

한국뿐만 아니라 미국의 각 지역에서도 독립운동이 활발하게 이루어지고 있었다. 미주 지역의 한인 지도자 중에는 승만과 함께 박용만과 안창호가 주목받았다. 승만은 외교독립을 주장했고, 박용만은 무력투쟁을, 안창호는 실력양성을 주장하며 각자 독립운동을 하고 있었다.

승만은 앞서 말한 동지회를 기반으로 하고 있었다. 박용만은 국민군단을 만들었고, 안창호는 흥사단을 지지 기반으로 하고 있었다. 특히 박용만은 무장투쟁을 더욱 확대해나가기 위해 막대한 자금을 투자해서 농장을 샀다. 그리고 그곳에 병영을 건설해 낮에는 사탕수수 농장이나 파인애플 농장에서 일을 하고 틈

틈이 군사 훈련을 하도록 했다. 박용만의 이런 행동은 승만의 입장에서 볼 때 위험한 것이었다.

"군사 훈련을 하는 것을 미국인들이 보면 한국인들을 테러리스트로 볼 수 있어. 그리고 더 중요한 것은 이건 미국법을 어기는 일이야!"

승만은 약소국의 독립이 강대국의 영향으로 이루어지는 경우가 많기 때문에 미국 정부와 그 국민의 지지를 받아야 한다고 생각했다. 이러한 견해 차이로 승만과 박용만의 사이는 벌어질 수밖에 없었다.

미국에 거주하는 교포의 70% 이상이 하와이에 있었기 때문에 하와이에서 독립운동을 하고 있던 지도자들은 재정 문제를 두고도 자주 다툼이 일어났고, 결국 재정 문제 때문에 갈라서게 됐다.

1914년 국민회관이 완공되었는데, 박용만 측의 인물이 건축비를 다른 곳에 사용한 사실이 밝혀졌다. 승만은 도덕성이 무너졌다며 집행부를 비난했고, 하와이 각지를 방문해 국민회에 성금을 내지 말라고 한인들을 설득했다. 결국 국민회는 현 집행부를 지지하는 쪽과 비판하는 쪽으로 나눠지게 됐다.

당시 하와이의 국민회는 미국 전체는 물론 하와이에서 한인 전체를 대표하는 단체였다. 게다가 하와이 한인들은 국민회를 자신들을 대표하는 정부 역할로 믿고 있었다. 그래서 하와이 주정부에서도 국민회를 대표 기관으로 인정해 사법권에 준하는 권한까지 부여하는 실정이었다.

상황이 이렇기 때문에 '국민회를 누가 장악하느냐' 하는 것은 아주 중요한 일이었다. 승만과 박용만의 갈등은 이러한 관계 속에서 일어난 것이었다. 결국 1915년 5월 1일, 국민회 특별대의원회에서는 박용만 쪽의 김종학을 회장직에서 파면하고 이승만 쪽의 정인수를 임시의장으로 선출했다.

승만은 안창호와도 부딪혔다. 승만이 철저한 반공주의자였던 반면 안창호는 민족을 단결시키기 위해서라면 사회주의자들도 끌어안아야 한다는 좌우합작론자였기 때문이다. 안창호는 하와이에서 활동하지는 않았지만, 지역 교민들에게 큰 영향력을 가진 인물이었다.

승만은 하와이 교포들에게 끊임없이 주장한 것이 있었다.

"한국 사람은 믿을 만합니다. 나라를 독립하고 독립을 계속 유지할 수 있는 국민입니다. 그리고 이런 국민이 되기 위해서 가장 필요한 것이 교육입니다."

승만은 이런 것에 기초해서 교육사업과 더불어 외교 활동에 매진했지만, 하와이 내에서 갈등을 일으키는 분열주의자라는 꼬리표를 달고 살 수밖에 없었다.

3·1 운동과
미국에서의 독립운동

1918년 1월, 윌슨 미국 대통령은 제1차 세계대전을 마무리하기 위한 평화조약 체결의 원칙으로 민족자결주의를 주창했다. 이로 인해 압박당하던 세계의 민족들은 독립의 희망을 갖게 되었다.

이러한 세계정세 속에서 승만은 1919년 제1차 세계대전의 전후 처리에 관한 회의인 파리강화회의에 참석하려고 했다.

이 소식은 당시 한인유학생이 많았던 도쿄에도 전해졌다. 도쿄 유학생들은 고베에서 발행되는 영자신문 〈재팬애드버타이저〉 1918년 12월 13일자에 게재된 '한국인들 독립을 주장'이라는 기사를 계기로 독립운동을 구체화시키는 데 노력하고 있었다.

승만이 파리강화회의에 참석한다는 소식은 국내에도 전해졌다. 그런데 파리강화회의 참석을 위해 여권 발급을 신청하고 대통령 면담까지 하려던 승만의 계획은 좀처럼 풀리지 않았다.

승만은 윌슨 대통령에게 파리강화회의에서 조선 문제를 상정해줄 것을 요청했지만, 윌슨은 그 요청을 들어주지 않았다.

"개인적으로는 그렇게 하고 싶지만, 조선은 제1차 세계대전의 참가국이 아니라서 어렵습니다."

한반도에서 조선의 독립을 위한 뚜렷한 사건이 있지 않은 이상, 그로서는 평화회의에 조선 문제를 상정하는 것이 곤란하다고 전했고, 급기야 여권 발급 불가 통고를 해왔다.

그렇다고해서 승만은 포기하지 않았다. 다른 방법을 찾기로 했다. 당시 하와이에는 미국 유학을 마치고 국내로 돌아가는 여운홍과 평안북도 선천에서 미동병원을 운영하는 의료선교사 알프레드 샤록스 일행이 와있었다.

승만은 그들에게 국내에서 자신을 지지해주던 송진우, 김성수, 함태영, 양전백 등에게 편지를 전해달라고 부탁했다. 편지의 내용은 이렇다.

"적당한 시기에 자신의 외교활동을 지원하는 민중운동을 국내에서 전개해줄 것."

한편 도쿄 유학생들은 승만 등의 파리강화회의 참석 소식에 자극받아 1919년 2월 8일 오후 2시, 도쿄의 조선기독교청년회관 대강당에서 학우회 총회를 이유로 모였다.

그리고는 조선이 독립국임을 선언했다. 김도연이 결의문을 낭독하고 조선독립만세 제창을 끝으로 학생들은 거리로 몰려 나가 시가행진을 했다. 이것이 국내의 '3·1운동'의 기폭제가 된 일본 유학생들의 '2·8독립선언'이다. 원래는 조선 국내와 동시에 독립선언서를 발표할 예정이었지만, 국내의 상황이 좋지 않아서 일정을 앞당겨 먼저 실행한 것이었다.

일본에서의 2·8독립선언 후에 국내에서는 3·1운동이 일어났다. 3·1운동은 승만을 포함하여 해외에서 활발하게 이루어지던 독립운동이 국내의 독립운동까지 연결된 중요한 사례다.

임시정부의 초대 대통령
이승만

3·1운동은 독립에 대한 조선 국민의 열망을 폭발시키는 계기가 되었다. 대한인국민회의가 3월 21일에 노령에서 발족한 것을 시작으로 상하이에서 대한민국 임시정부가 세워졌고, 서울에서는 한성 임시정부가 생기는 등 국내외에서 모두 8개의 임시정부가 세워졌다.

이후에 가장 규모가 크고 활동이 많았던 노령 임시정부, 상하이 임시정부, 한성 임시정부 모두에서 승만이 최고 책임자를 맡았다. 한편 미국에서는 승만의 제의로 '한인대표자대회'를 필라델피아에서 개최하기로 했다.

미국 전역에서 윤병구, 민찬호, 정한경, 임병직, 김현철, 장기영, 천세헌, 유일한, 김현구, 조병옥, 노디 김 등 150여 명의 대표들이 참석했다.

승만은 이 대회에서 미국 정부에 보내는 호소문과 노령 임시정부 지지문 등 주요 안건을 통과시키고 '미국을 모델로 한 자유민주국가를 건설하자'는 결의문을 채택했다.

대회를 마친 한인대표들은 필라델피아 소극장에서 인디펜던스홀까지 행진했다. 인디펜던스홀은 1776년에 미국이 영국으로부터의 독립을 선언했던 곳이다. 승만은 미국 초대 대통령 조지 워싱턴이 앉았던 책상에서 기념촬영을 한 후 '대한공화국 만세'와 '미국 만세'를 선창했다.

일본은 3·1운동이 일어나자 미국에서 언론플레이를 하기 시작했다. 일본의 사주를 받은 미국인 래드 교수는 한 신문과의 인터뷰에서 "3·1운동은 음모에 의한 것이며 한국은 자치능력이 없다"라고 말하기까지 했다. 이에 승만은 5월 18일자 〈뉴욕타임스〉에 기고문을 게재해 래드 교수의 글을 논리적으로 반박했다.

상하이 임시정부의 최고 책임자, 즉 대통령에 이승만이 추대되었다. 하지만 이승만은 상하이가 아닌 미국에 머물면서 전문을 통해 상하이 임시정부와 상의하며 대통령직을 수행하고 있었다.

이승만은 대통령의 직권으로 대미외교 업무를 수행하기 위해 미국 워싱턴에 구미위원부를 설치해 외교업무를 담당하도록 했다. 그에 따라 임시정부의 업무가 상하이와 워싱턴으로 나뉘게 되었다.

하지만 상하이에 있던 사람들은 대통령이 상하이 현지에 부임해야 한다는 목소리가 커져갔다. 1920년 12월에 이승만을 제외한 구미위원부의 사람들은 중국 상하이로 이동했다. 하지만 이승만은 일본 경찰이 30만 달러의 현상금을 걸고 찾고 있는 정치범이었기 때문에 그들과 함께 상하이로 떠날 수 없었다. 이승만을 하와이에서 미국인 친구 윌리엄 보스윅의 도움으로 중국으로 바로 가는 배를 비밀리에 찾았다.

1920년 11월 15일 저녁, 몰래 화물선에 오르기 위해서 이승만은 관 속으로 들어가고, 그의 비서인 임병직이 그 관을 메고 중국행 화물선에 탔다. 그러나 배가 항구를 벗어나 한참이 지난 후, 두 사람은 갑판으로 나갔다가 항해사에게 들켰다. 돈이 없어 몰래 배를 탄 아버지와 아들이라고 생각한 중국인 항해사는 그들을 선장에게 끌고 갔다. 선장은 하와이에서부터 승선 전에 미리 이야기가 되어 알고 있었지만 그들을 모르는 척하고 야단을 친 다음에 무임 승선에 대한 처벌로 노동을 명령했다. 젊은 임병직은 청소를 하고, 나이가 많은 이승만은 망을 보았다.

12월 5일, 20일간의 항해 끝에 배는 중국 상하이에 도착했다. 두 사람은 일본 경찰의 눈을 피하기 위해 중국인 노무자들 틈에 끼어 통나무를 메고 육지로 내렸다. 이후로 5개월 동안 이승만은 대통령으로서 프랑스 조계에 있는 임시정부 청사에서 일했다. 그때 상하이 임시정부는 궁핍했고, 지역적으로나 이념적으로 갈등이 많아 상황은 좋지 않았다.

1921년 새해에 임시정부는 신년축하식을 열었고, 1월 5일에는 첫 국무회의를 열었다. 회의 첫날 국무총리 이동휘는 이승만을 비판했다. 공산주의자이며 무장투쟁론자인 이동휘는 이승만이 1919년 3월 윌슨 대통령에게 요청했던 위임통치 청원했던 것을 이야기하며 비판했다.

이승만은 파리강화회의에 참석하지 못하게 되자 미국 대통령 윌슨에게 위임통치에 대한 청원서를 보냈다.

"한국이 정식으로 독립하게 되기까지 몇 년 동안 미국이나 국제연맹의 위임통치를 원한다."

이동휘는 위임통치는 있을 수 없는 일이며, 만주나 연해주로부터 국내에 무장대를 침투시켜 일본인 관공서를 폭파하고 임시정부를 소련 땅으로 옮겨야 한다고 주장했다. 이에 대해 이승만은 무모한 무장투쟁은 한인의 희생만 늘릴 것이라며 반대했다.

그러나 당시 중국에서 활동하던 독립운동가들 사이에서 무장투쟁론이 많은 지지를 받고 있었기 때문에 외교활동을 통해 독립을 주장하는 이승만은 힘을 쓸 수 없었다. 결국 이동휘는 뜻이 맞지 않는다는 이유로 1921년 1월 14일에 국무총리직을 사임했다. 뒤를 이어 이승만의 외교독립론에 맞서 무장투쟁론을 주장하는 인사들과 기타 계파별 대립이 뚜렷해지면서 각료들도 떠나기 시작했다.

극도로 혼란스러운 정국이었다. 러시아에 세워진 노령 임시정부를 주축으로 한 무장투쟁세력 이동휘, 미국 LA에서 실력 양성론을 주장한 안창호, 중국에서 무장 독립투쟁을 해온 김구, 하와이를 중심으로 교육과 외교 독립론을 펼쳤던 이승만까지 다양한 독립운동 노선이 있는 상황이었다.

이승만은 김규식, 이동녕, 이시영, 노백린, 손정도 등의 인사들과 새 국무원을 구성했지만, 얼마 못가 5월 17일에 상하이를 떠나기로 결심했다.

'외교상 긴급하며 재정상 절박하다'는 교서를 남기고 이승만은 5월 20일에 다시 하와이로 떠났다. 5개월 동안의 상하이 임시정부활동으로 이승만은 극도의 회의를 느꼈고 동시에 독립운동의 현실을 깨닫게 되었다.

워싱턴 군축회의는 1921년 10월부터 1922년 1월까지 열렸다. 이승만은 임시정부의 전권대사 자격으로 서재필, 정한경과 함께 회의장에 나타나 독립청원서를 제출했다. 그들은 각국의 대표들과 기자들에게 조선의 독립의 필요성에 대해서 주장했다.

"한반도가 독립국이 되어 일본을 견제해야만 태평양 지역에 평화가 옵니다."

그러나 임시정부 대표단은 회의에 참석하지 못했다. 대한민국 임시정부가 국제적으로 승인받은 기구가 아니라는 이유로 거절당했기 때문이었다.

이렇게 이승만의 외교독립론이 결실을 얻지 못하면서 그의 영향력은 크게 줄어들었다. 상하이에서는 이승만 퇴진 운동이 날로 드세졌다. 1925년 3월, 임시정부에서는 이승만 탄핵안을 통과시켰고, 워싱턴의 구미위원부를 폐지했다. 그리고 그 임무를 안창호 세력이 우세한 국민회 중앙총회가 맡게 했다.

이로써 이승만과 상하이 임시정부와의 공식적인 관계가 멀어졌다. 이승만은 하와이로 돌아와 '한인기독학원'과 '한인기독교회' 운영에 주력했다. 미국에서도 독립운동에 대한 성과가 없자, 사람들의 참여 또한 점점 줄어들고 있었다. 이승만을 포함한 그 당시 모든 독립 운동가들이 힘든 세월을 보내고 있었다.

제네바 군축회의 참여

일본이 한반도를 장악하고, 본격적으로 대륙 침략에 나섰다. 1931년에 '만주사변'이 일어났고, 1932년에는 '상하이사변'을 포함해 곳곳에서 중국과 일본이 충돌했고, 긴장감이 감돌았다.

중국은 일본의 침략행위를 국제연맹에 호소했고, 그 분위기를 이용해서 한국 독립 운동가들도 빠르게 움직이기 시작했다. 동지회에서는 이승만의 활동 지원을 위한 모금에 들어갔다. 1932년 11월 10일에는 상하이 임시정부가 국무회의 의결을 거쳐 이승만을 국제연맹에 보낼 전권대사로 임명했다. 국제연맹에 한국의 독립을 탄원하는 임무였다.

이승만은 중국인들과 협조하여 국제연맹에 만주에 있는 한인들의 피해를 알렸다. 무엇보다도 일본이 만주뿐만 아니라 그 전에 한국을 침략한 사실을 알리는 중요한 임무를 맡았다.

이것은 탄핵을 당한 후에도 상하이 임시정부가 이승만을 인정하고 있다는 정통성을 보여주는 것이었고, 특히 상하이 임시정부의 주석을 맡고 있던 김구와 관계가 좋았다는 것을 보여주는 사건이었다.

12월 23일, 이승만은 뉴욕을 출발해 런던을 거쳐 1933년 1월 4일에 국제연맹본부가 있던 스위스 제네바에 도착했다. 그리고 중국 대표 언해경, AP통신 특파원 프란츠립시 등을 만나 한국의 입장을 설명하고 도움을 요청했다.

일본은 만주국이 주민들의 자발적인 의지에 따라 수립된 정부라며 허위 사실을 발표했고, 이승만은 일본 측 주장의 논리적 허구성을 지적하고 반박하는 내용의 글을 써서 국제연맹에 제출했다.

그리고 그동안 구축해두었던 모든 인맥을 동원해 불어 신문 〈주르날 드 쥬네브〉, 〈라 트리뷴 도리앙〉, 베른의 독일어 신문

〈데어 분트〉에 일본 측 주장에 대해 반박하는 글을 게재하고, 국제연맹 부설 라디오 방송을 통해서도 연설하며 여론을 형성하려 노력했다.

만주를 조사한 리튼 보고서를 바탕으로 일본을 규탄했지만, 안타깝게도 일본의 반대로 국제연맹에서 한국 문제를 정식 의제로 상정하는 안건은 실패했다. 그러나 일본은 결국 국제연맹에서 탈퇴하고 말았다.

이승만의 노력에도 계획했던 일의 성과도 없이 국제연맹 총회가 끝나자 이승만은 실망에 빠졌다. 유럽에 있는 국가 대표들은 이승만에게 제안했다.

"소련이 공산주의 약소국에 대해 긍정적입니다. 소련에 가서 호소해 보세요."

하지만 이승만은 반공주의자로 알려져 있었기 때문에 소련 비자를 얻을 수 없었다. 그래서 여러 나라 대사관을 헤매다가 결국 미국에서 유학할 때 만난 오스트리아 주재 중국 대사관 대리공사 동덕건 박사의 도움을 받기 위해 비엔나로 갔다. 그리고 중국 대사관에서 소련 비자를 받는 데 성공했다.

1933년 7월 19일, 이승만은 신분을 숨긴 채 비엔나에서 기차를 타고 모스크바 역에 도착했다. 그렇지만 역에 내리자마자 소련 관리들로부터 즉시 되돌아가라는 명령을 받았다.

나중에 알게 된 것이지만, 그때 모스크바에는 일본 철도청 책임자가 와 있었다. 소련이 운영권을 가지고 있던 만주 동청철도를 사려고 흥정을 하기 위해서였다. 그래서 소련은 이승만 문제로 일본 대표의 비위를 건드리지 않으려 했던 것이었다.

이승만은 어쩔 수 없이 다음날 비엔나로 되돌아갔다. 그리고 프랑스의 니스로 가서, 1933년 8월 10일에 뉴욕으로 가는 배를 탔다. 이처럼 희망과 좌절 사이를 헤매며 분투하고 있는 동안, 이승만은 프란체스카 도너를 만났다.

그녀는 오스트리아의 비엔나에서 철물 무역과 소다수 공장을 경영하는 중소기업가의 세 딸 중 막내로, 아버지 사업을 맡아 일하고 있었다. 이승만이 제네바에서 국제연맹 총회를 상대로 독립운동을 벌이고 있던 1933년 초에 두 사람은 처음 만났다.

그녀는 어머니와 함께 프랑스 여행을 마치고 비엔나로 가는 기차를 타기 위해 제네바에 온 길이었다. 저녁 식사 때 붐비는 호텔 식당에서 자리가 모자라 이승만이 두 모녀와 합석을 하면서 첫 만남이 이루어졌다. 이때 이승만은 58세, 프란체스카는 33세였다.

제네바에 잠시 있는 동안 두 사람의 관계는 급속도로 가까워졌다. 프란체스카가 떠난 다음 이승만이 모스크바로 가는 길에 비엔나에 들르면서, 두 사람은 다시 만나게 되었다. 그때 결혼을 약속했다.

그러나 미국에 도착한 이승만은 신부가 될 프란체스카를 초청할 수가 없었다. 미국 시민권이 없는 무국적 망명객 신분이었기 때문이다. 결국 프란체스카는 정식으로 이민을 신청해 1년 뒤 미국으로 왔다.

1934년 10월 8일, 두 사람은 뉴욕의 몽클래어 호텔에서 존 하인즈 홈즈 박사와 윤병구 목사의 공동 주례로 결혼식을 올렸다. 그들의 결혼은 동지적 결합이었다. 그녀 역시 이승만과 마찬가지로 그의 모든 것을 한국 독립을 위해 바쳤다.

이승만은 부인을 데리고 생활 본거지인 하와이로 가려 했으나 하와이의 동지회 회원들과 한인기독교회 교인들은 이승만 혼자만 올 것을 강력히 권유했다.

"서양인 부인을 얻었다는 사실에 교민들이 반발할까 걱정입니다."

그러나 이승만은 고집스럽게 아내를 데리고 갔다. 두 사람이 1935년 1월 25일 호놀룰루 항에 도착했을 때, 놀랍게도 부두에는 수많은 교민들이 나와 열렬히 환영했다.

하와이의 신문 〈호놀룰루 애드버타이저〉와 〈호놀룰루 스타 불레틴〉에서도 그들의 도착을 크게 보도했다. 그리고 도착 다음 날에는 1천 명이 참석한 환영 파티가 열렸다.

힘을 얻은 이승만은 하와이 여러 섬을 다니면서 한인들을 격려하고, 한인기독교회와 한인기독학원을 위한 모금 운동을 벌였다. 그는 한국의 독립이 무장투쟁이 아닌 외교와 여론 조성의 방법을 통해 이루질 수 있다는 평소의 신념을 거듭 강조했고, 머지않아 일본과 미국 사이에 전쟁이 일어날 것이므로 독립에 대한 희망을 잃지 말 것을 당부했다.

일본의 미국 침공을 예견한
《일본 내막기》 저술

국제연맹에서의 실패와 동지식산회사의 파산 등으로 이승만은 침체기에 있었다. 이런 모습을 본 동지회의 측근들은 이승만을 찾아와 한 가지 제안을 했다.

"출판기금을 마련했습니다. 워싱턴에 가서 독립운동사를 써 보는 것이 어떻겠습니까?"

그러면서 동시에 독립을 위한 외교활동을 계속 해나갈 수 있지 않겠느냐는 의견이었다. 이승만은 이 건의를 수용해서 1939년 4월 워싱턴으로 이주하고, 독립운동사의 집필을 준비했다. 하지만, 이승만은 계획을 변경했다.

"지금은 과거를 회고할 때가 아니야. 일본의 침략 야욕을 알리는 것이 중요해."

이승만은 일본의 침략 야욕을 비판하는 책을 쓰기로 결심했다.

"한국과 동아시아를 둘러싼 국제관계를 분석해 일본 제국주의의 야욕을 폭로해야 해. 그리고 그것을 견제하기 위해서라도 한국의 독립은 반드시 이뤄져야 한다고 이야기해야지. 그것은 결국 미국의 국익에도 도움이 되니까."

이승만의 이런 지론은 계속해서 외쳤던 내용이었다. 그렇게 쓴 책이 1941년 8월 1일에 출판한 《일본 내막기 : 오늘의 도전》이다.

영문으로 쓴 이 책에서 이승만은 일본군국주의 체제가 반드시 미국을 공격할 것이라는 역사적 이유를 제시했다. 하지만 이 책이 미국에서 처음 발간되었을 때 미국인들의 반응은 냉담했다. 전반적으로 미국과 일본의 관계를 이간질하는 사려 깊지 못한 발언 정도로 취급당했다.

하지만 그해 12월 7일, 일본이 하와이의 진주만을 기습 공격하자 미국과 일본의 관계가 하루아침에 뒤집어졌다. 그리고 미국 안에서 이승만에 대한 명성 또한 하루아침에 달라졌다. 이승만의 책은 급작스럽게 베스트셀러가 되었고, 영국에서도 출간되었다.

언론에서는 이승만의 경고를 무시하고 일본에 우호적이었던 미 국무부와 국방부를 비난하고, 일본 군국주의의 실상을 이해하는 데 이 책이 필수라며 입장을 바꿨다.

이승만은 루스벨트 대통령을 만나 일본의 야욕을 규탄하고, 파리 강화회의, 워싱턴 군축회의, 국제연맹회의 등에서 한국이 독립해야 일본의 침략적 제국주의를 막을 수 있다는 논리를 주장해왔지만, 이것은 미국과 일본의 관계에 따라 배척당하기 일쑤였다.

그런데 이승만의 이러한 주장이 어느 때보다 미국에서 받아들여지고 있었다. 그리고 미국 사회에서 이승만의 명성이 높아질수록 재미한인사회에서도 위상이 살아났다.

1941년 4월, 하와이 호놀룰루에서 9개 단체 대표들이 모여 '재미한족연합위원회'를 발족했다. 이들은 워싱턴에 외교위원부 설치를 의결하고 미국 사회에서 인정받는 이승만을 외교위원장에 추대했다.

이승만은 이를 상하이 임시정부에 알리고 김구 주석으로부터 지금의 미국대사 자격인 주미외교위원장직 추인을 받았다.

이제 이승만은 임시정부와 재미교포단체를 대표하는 주미외교위원장 자격으로 미국 정부에 한국 독립에 대한 외교를 요청할 수 있었다. 이승만이 생각하고 있던 외교 방향은 미국을 비롯한 연합국이 임시정부를 승인하게 함으로써 한국이 연합국의 일원이 되어 대일전쟁에 적극 참여하는 것이었다.

그렇게 해서 국제사회에서 우리도 발언권을 확보하겠다는 전략이었다. 이에 따라 이승만은 우선 미 국무부의 극동국장 혼백에게 임시정부 승인을 요청했다. 그러나 국무부 담당자들의 반응이 별로 없었다. 이승만은 곧바로 코델 헐 국무장관과 루스벨트 대통령에게 직접 편지를 보냈다. 이승만은 제2차 세계대전이 끝날 때까지 미 국무부와 대통령을 상대로 끊임없이 임시정부 승인을 요청했다.

또한 이승만은 미국 여론을 움직이기 위해 1942년에 한미협회를 발족시켰다. 한미협회에는 미국 사회에서 여론에 영향을 미칠 수 있는 지도자급 인사들이 참여했다.

이승만은 이 단체의 명의로 임시정부 승인요청서를 보내는 등 미국 정부에 압력을 가하는 외교활동을 펼쳤다. 하지만 이러한 모든 노력도 부질없었다. 미국은 유럽의 8개 망명정부를 비롯해 한국의 임시정부에 대해서도 철저하게 승인하지 않는 정책을 바꾸지 않았다.

이승만의 다양한
독립운동

〈미국의 소리〉는 미국 정부가 전 세계를 대상으로 미국의 정책과 문화를 알리기 위해 만든 국제방송이다. 제2차 세계대전 중이던 1942년 2월 24일에 독일어로 첫 방송을 시작했고, 한국어 방송은 1942년 8월 29일에 이승만의 제안으로 시작했다.

이승만은 이 방송을 이용해 한국 독립이 왜 필요한지에 대해 주장했다. 미국 정보기관의 협조 없이는 이뤄질 수 없었던 일인데, 당시의 이승만에 대한 미국사회에서의 명망과 미군부와의 유대관계 때문에 가능했다.

단파방송에서 이승만은 특유의 발음과 억양으로 조국 독립의 필요성을 알리면서 우리나라 민족이 일치단결할 것을 호소했다. 물론 한국 땅에서 이 단파방송을 들을 수 있는 사람은 많지 않았다.

그 이유는 조선총독부가 단파방송을 듣지 못하도록 방해했기 때문이었다. 조선총독부는 태평양 전쟁이 일어나자 외국의 정세가 한국에 전파될 것을 우려해 '외국 단파 방송 청취 금지령'을 공포했다. 그리고 한국에 거주하던 외국인 선교사를 추방하기까지 하면서 단파방송 청취자 단속을 강화했다.

그러나 경성방송국 개성지국의 한인 직원들은 방송국이 보유한 단파수신기와 사제 수신기를 통해 해외단파방송을 청취했고, 이승만의 방송 내용도 이들을 통해 한국에 알려지게 되었다. 방송에서 나온 이승만의 연설 내용은 입소문을 타고 순식간에 전국으로 퍼져나갔다.

일본 경찰은 일본이 전쟁에 패하고 있다는 소문이 돌자 근원지를 찾아내기 위해 대대적인 조사를 시작했다. 최초 유출자로 지목된 홍익범은 2년형을 선고받고 복역하다 고문과 악형의 후유증으로 1944년 말에 사망했다.

홍익범은 중일전쟁, 태평양 전쟁 등에 관한 정보를 송진우, 윤보선, 백관수, 함병훈 등 민족주의 진영 지도자들에게 전달했다. 이 과정에서 이승만의 미국 내 활동과 위상도 자연스럽게 전달되었는데, 이것은 이승만의 국내 지명도를 높이는 계기가 되기도 했다. 소문은 소문을 낳아 항간에는 임시정부가 중국이 아닌 미국에 있으며, 이승만이 대통령이라는 말이 퍼지기도 했다.

미국과 일본이 태평양 전쟁으로 맞붙게 되자, 이승만은 비밀리에 광복군을 미국 대외첩보공작처(OSS)에 참여시키는 계획을 세웠다. OSS는 정규편제상 육군이나 해군에 소속된 기관이 아니고 대통령령에 의거 설립된 기관으로 주요 첩보수집기능과 특수공작기능이 주 임무였다.

이곳에 광복군을 투입시키겠다는 것은 기존에 이승만이 주장하던 외교 독립투쟁 방식에 무장투쟁을 병행하겠다는 전략이었다. 이승만의 전략이 바뀐 것은 임시정부의 승인도 받아내고 전쟁이 끝나고 난 뒤 한국의 발언권을 높이려는 의도였다.

1941년 12월, 일본이 진주만을 폭격하자 미국은 즉각 일본에 선전포고를 하고 이듬해 1월 스틸웰 중장을 중국, 버마, 인도 지역을 관할하는 사령관으로 임명했다. 그리고 이들 지역에 미국의 작전을 원활하게 지원할 수 있는 첩보부대를 설립했다.

1942년 3월, 정보조정처(COI)를 만들고 그 산하에 101부대를 창설했다가 첩보관련부대들을 통폐합해 그해 7월 대외첩보공작기관인 OSS를 공식 발족시켰다.

OSS의 간부인 에슨 게일은 미국 내 한인 독립운동 지도자들 중에서 이승만을 OSS와 협력할 적임자로 선택했다. 무엇보다 이승만이 1941년 여름에 출간한 영문 저서 《일본 내막기》가 선택의 결정적인 요인이었다.

이승만과 굿펠로우 대령은 조선인 청년의 OSS 참가와 관련한 구체적인 계획을 세웠다. 일본어에 능통한 조선인 청년 100여 명을 선발해 소정의 훈련을 시킨 후 전선에 투입한다는 것이 처음의 계획이었다.

그러나 미국에 거주하는 한인 2세나 3세 가운데 일본어에 능통한 청년을 모집하는 데 한계가 있었다. 어쩔 수 없이 이승만은 하와이를 포함해서 중남미에서도 적격자를 물색했다.

1942년, 미국에서 시작된 이승만과 OSS의 합작은 광복군과

OSS의 군사합작으로 이어지는 결정적 계기를 마련했다. 1945년 3월 15일, 광복군 대표 김학규와 미군 14항공대 사령관이자 주중국 OSS 최고책임자 클레어 센놀트 소장은 한미 군사합작에 관해 합의를 보았다. 1945년 8월 9일에 OSS 대원을 국내 투입하기로 결정했지만, 작전은 실행하지 못했다. 일본이 항복한 것이었다.

이승만 〈미국의 소리〉
연설문(1942)

나의 사랑하는 동포여!

나는 이승만입니다. 미국 워싱턴에서 해내 해외에 산재한 우리 2천3백만 동포에게 말합니다. 어디서든지 내 말 듣는 이는 자세히 들으시오. 들으면 아시려니와 내가 말하려는 것은 제일 긴요하고 제일 기쁜 소식입니다.

자세히 들어서 다른 동포에게 일일이 전파하시오. 또 다른 동포를 시켜서 모든 동포에게 다 알게 하시오. 나 이승만이 지금 말하는 것은 우리 2천 3백만의 생명의 소식이요, 자유의 소식입니다.

저 포학무도한 왜적의 철망, 철사 중에서 호흡을 자유로 못하는 우리 민족에게 이 자유의 소식을 일일이 전하시오. 감옥, 철창에서 백방 악형과 학대를 받는 우리 총애 남녀에게 이 소식을 전하시오. 독립의 소식이니 곧 생명의 소식입니다.

왜적이 저희 멸망을 재촉하느라고 미국의 준비 없는 것을 이용해서 하와이와 필리핀을 일시에 침략하여 여러 천 명의 인명을 살해한 것을 미국 정부와 백성이 잊지 아니하고 보복할 결심입니다.

아직은 미국이 몇 가지 관계로 하여 대병을 동하지 아니하였으매 왜적이 양양자득하여 온 세상이 다 저희 것으로 알지마는 얼마 아니해서 벼락불이 쏟아질 것이니 일황 히로히토의 멸망이 멀지 아니한 것을 세상이 다 아는 것입니다.

우리 임시정부는 중국 중경에 있어 애국열사 김구, 이시영, 조완구, 조소앙 제씨가 합심 행정하여 가는 중이며, 우리 광복군은 이청천, 김약산, 유동열, 조성환 여러 장군의 지휘 하에서 총사령부를 세우고 각 방으로 왜적을 항거하는 중이니 중국 총사령장 장개석 장군과 그 부인의 원조로 군비 군물을 지배하며 정식으로 승인하야 완전한 독립국 군대의 자격을 가지게 되었으며, 미주와 하와이와 멕시코와 쿠바의 각지의 우리 동포가 재정을 연속 부송하는 중이며, 따라서 군비 군물의 거대한 후원을 연속이 보내게 되리니 우리 광복군의 수효가 날로 늘 것이며, 우리 군대의 용기가 날로 자랄 것입니다.

고진감래가 쉬지 아니하나니 37년간을 남의 나라 영지에서 숨겨서 근거를 삼고 얼고 줄이며, 원수를 대적하던 우리 독립군이 지금은 중국과 영미국의 당당한 연맹군으로 왜적을 타파할 기회를 가졌으니, 우리 군인의 의기와 용맹을 세계에 드러내며 우리 민족의 정신을 천추에 발포할 것이 이 기회에 있다 합니다.

우리 내지와 일본과 만주와 중국과 서백리아 각처에 있는 동포들은 각각 행할 직책이 있으니 왜적의 군기창은 낱낱이 타파하시오. 왜적의 철로는 일일이 타상하시오. 적병의 지날 길은 처처에 끊어 버리시오. 언제든지 어디서든지 할 수 있는 경우에는 왜적을 없이 해야만 될 것입니다.

이순신, 임경업, 김덕령 등 우리 역사의 열열한 명장 의사들의 공훈으로 강포 무도한 왜적을 타파하야 저의 섬 속에 몰아넣은 것이 역사에 한두 번이 아니었나니 우리 민족의 용기를 발휘하는 날은 지금도 또다시 이와 같이 할 수 있을 것입니다.

내지에서는 아직 비밀히 준비하여 숨겨 두었다가 내외의 준비가 다 되는 날에는 우리가 여기서 공포할 터이니 그때는 일시에 일어나서 우리 금수강산에 발붙이고 있는 왜적은 일제히 함몰하고야 말 것입니다.

내가 워싱턴에서 몇몇 동포와 미국 친구 친우들의 도움을 받아 미국 정부와 교섭하는 중이매 우리 임시정부의 승인을 얻을 날이 가까워 옵니다.

승인을 얻는 대로 군비 군물의 후원을 얻을 것입니다. 그러므로 이 희망을 가지고 이 소식을 전하니 이것이 즉 자유의 소식입니다. 미국 대통령 루스벨트의 선언과 같이 우리의 목적은 왜적을 파한 후에야 말 것입니다.

우리는 백배나 용기를 내어 우리 민족성을 세계에 한번 표시하기로 결심합시다. 우리 독립의 서광이 비치나니 일심 합력으로 왜적을 파하고 우리 자유를 우리 손으로 회복합시다.

나의 사랑하는 동포여!

이 말을 잊지 말고 전파하여 준행하시오. 일후에 또다시 말

할 기회가 있으려니와 우리의 자유를 회복할 것이 이때 우리 손에 달렸으니 분투하라!

싸와라! 우리가 피를 흘려야 자손만대의 자유 기초를 회복할 것이다.

싸와라, 나의 사랑하는 2천3백만 동포여!

한국 독립의 길을 연
미·일전쟁

1941년, 일본의 진주만 기습을 전후한 시기에 한국은 가장 힘든 상황이었다. 일제의 통치로 인해 국민들은 하루하루 살아가기 힘들었다. 일본은 창씨개명으로 한국인의 정체성을 완전히 지우려 했다. 이와 더불어 〈조선일보〉와 〈동아일보〉를 폐간하여 언론을 차단했다. 또 태평양전쟁에 징병하여 한국인을 끌고 갔다.

이 시기에 한국인들은 하나의 민족으로서 완전히 사라지고 있었다. 국제 정세도 우리의 독립에는 절망적이었다. 중국은 일본에게 계속 패배했고, 공산 혁명으로 탄생한 소련 역시 일본과의 중립조약을 맺고 불가침 상태에 있었다. 일본이 한반도를 넘어 대륙을 정복하는 것에 걸림돌이 없었다.

일본이 미국 영토인 하와이 진주만을 기습 공격한 것은 결과적으로 우리나라 독립의 문을 열어준 계기가 되었다. 이미 6개월 전에 이승만은 《일본 내막기》에서 일본이 미국을 공격할 것이라고 경고한 바 있었다.

이때 일본과 싸우는 미국과 중국을 군사적으로 돕는 것은 한국의 독립에 기여할 수 있는 좋은 방법이었다. 하지만 일제의 식민지 통치가 너무나 가혹했기 때문에 한반도 안에서 무장투쟁을 벌인다는 것은 불가능했다. 한반도 밖에서도 상황은 비슷했다.

1919년 3·1 운동이 일어난 직후인 1920년대 초에 만주지역에서 일어난 봉오동 전투, 청산리 전투 등의 무장 독립투쟁은 활발했지만, 1931년 일본의 만주 침략 이후 만주국이 세워지면서 무장투쟁은 사실상 불가능하게 되었다.

그래서 민족주의자들은 중국 본토로 옮겨 임시정부에 가담했고, 공산주의자들은 소련 영토인 연해주로 옮겨갈 수밖에 없었다. 임시정부는 1940년에 중국 중경에 정착하면서 광복군을 창설하고, 사령관으로는 지청천을 임명했다.

하지만 광복군으로 충원될 수 있는 남성 청년들의 숫자가 턱없이 부족해 광복군은 전투능력을 갖지는 못했다. 그 때문에 김구는 미국의 이승만 등에게 재미교포 청년들의 지원을 요청하기도 했다.

공산주의자 김원봉이 이끄는 100여 명의 조선의용대가 있었지만, 대부분 중국공산당에 가담했다. 그나마 이념적 차이 때문에 중경 임시정부와 협력관계에 있지 못했다. 장개석의 중국 국민당 정부는 중경 임시정부에게 좌우합작을 하라고 제안했다.

이 제안에 우익의 김구는 좌익의 김원봉과 손을 잡았고, 중경 임시정부는 좌우합작 정부가 되었다. 1944년부터는 일본군에 소속되었던 한국인 청년들이 탈출해 중경 임시정부로 찾아오기 시작하면서 광복군의 숫자는 500명 가까이 늘어났다.

중국 국민당 정부의 지원으로 군사훈련을 받았지만, 아직 미국과 중국을 도와 일본과의 전투를 벌이지는 못하고 있었다. 그래서 김구와 이승만은 각각 광복군 특공대와 미국의 교포 청년 특공대를 한반도에 침투시키는 '독수리 작전'과 '냅코(NAPKO) 작전'을 준비했지만, 일본이 원자탄 공격을 받아 예상보다 빨리 항복함으로써 참전할 기회는 없었다.

만주에서 활동했던 김일성 등의 공산주의자들은 1940년 일본군에게 쫓겨 연해주로 들어가 소련군에 입대했고, 김무정 등의 조선독립연맹은 중국 공산당 세력에 가담하여 일본에 대항했다. 그럼에도 불구하고 한국인 독립운동 조직들은 어느 하나도 연합국으로부터 교전단체로 인정받지 못했다. 이런 이유 때문에 제2차 세계대전이 끝났을 때, 한국인 독립운동 조직은 국제사회에서 아무런 발언권도 갖지 못했다.

1945년 8월,
해방

1945년 8월 6일, 일본 히로시마에 원자폭탄이 떨어졌다. 히로시마는 아비규환이 따로 없었다. 사흘 뒤 나가사키에 두 번째 원자폭탄이 떨어졌다. 다음은 도쿄라고 경고하자 6일 후인 1945년 8월 14일 밤 11시, 일본의 항복 소식이 라디오 임시뉴스에서 나왔다. 드디어 그토록 바라던 해방이었다. 우리나라가 독립을 되찾게 된 것이었다.

한반도 전체는 해방의 기쁨으로 뒤덮였고, 워싱턴에 살던 동포들도 이승만이 살던 2층 벽돌집으로 몰려들었다. 이승만의 나이 70세였다. 긴 시간이었다. 삼십 년이 넘는 일제강점 기간 동안 힘겹게 끌어왔던 미국에서의 외교 독립운동이 막을 내렸다.

이승만은 하루 빨리 한국으로 돌아가려고 했다. 한반도에는 좌익 세력이 많이 있었기 때문이다.

"좌익이 많이 있어서 한반도에 공산주의 정권이 수립될 가능성이 많아."

해방을 맞은 이승만에게 일본에 대한 분노만큼 힘들고 고독한 공산주의자와의 대립이 기다리고 있었다.

3부

공산주의에 대한 분노

공산주의
본질에 대한 통찰

공산주의는 사유재산제를 철폐하고 사회의 모든 구성원이 재산을 공동 소유하는 사회제도를 뜻한다. 1917년, 소련은 전쟁의 혼란 속에서 흔히 '볼셰비키 혁명'이라 불리는 '11월 혁명'으로 공산화가 되었다.

그 영향은 동쪽으로는 몽골까지 확장되었고, 서쪽으로는 동유럽 전체로 번졌다. 공산주의자들은 사유재산제로부터 발생하는 사회적 타락과 도덕적 부정을 깨트려 버리고, 재산의 공동 소유를 기초로 하여 더 합리적이고 정의로운 공동사회를 실현하겠다고 주장했다.

이러한 주장에 전 세계 지식인들이 호응하면서 공산주의는 무섭게 확산되었다. 루스벨트 대통령이 그의 회고록에서 언급한 것처럼 공산주의는 곧 지구 전체로 번질 것만 같았다.

수많은 지식인들이 '러시아 유토피아'를 찬양할 당시, 이승만은 공산주의의 본질에 대한 모순과 한계를 분명히 파악했다. 당시 공산정권이 등장한지 6년이 지난 시점이기에 공산주의에 대한 정의조차 불분명한 상태였다.

하지만 이승만은 1923년 〈태평양 잡지〉 3월호에 "공산당의 당부당(當不當)"이라는 제목의 공산주의 비판 논문을 게재했다. 논문의 제목에서도 알 수 있듯이 이승만은 공산주의에 대해 합당한 점과 부당한 점, 즉 옳고 그름에 대해 정확하게 지적하고 비판했다.

"공산주의자들이 주장하는 '인민의 평등주의'는 조선의 신분제도인 반상(班常)의 철폐와 반상제도의 연장선에서 인간이 인간을 지배하는 노예제도를 없애는 것으로 보고 이것은 옳습니다. 하지만 '재산을 나누어 가지자', '자본가를 없이 하자', '지식계급을 없이 하자', '종교단체를 혁파하자', '정부도 없고 군사도 없으며 국가사상도 다 없이 한다' 하는 주장들에 대해서는 현실에 맞지 않는 주장입니다. 이것은 허구입니다."

이승만은 불평등이 있으면 그것을 개선하는 방법으로 진행해야지, 이를 지정하여 금지하는 극단적인 방법은 옳지 않다고 주장했다.

"예를 들어, 사유재산이 불평등을 야기한다 하여 사유재산을 인정하지 않는다면, 노동의 의지나 동력은 점차 줄어들 것이고 결국 많은 사람들이 노동에 참여하지 않거나 참여하더라도 비생산적인 결과로 인해 모든 사람들이 그 피해를 입습니다."

이승만은 전 세계가 공산주의에 대해 무비판적으로 휩쓸리고 있을 때에도 미국과 일본의 전쟁을 예견한 것과 같은 통찰력으로 공산주의를 비판한 것은 물론, 나아가 한반도가 가져야 할 입장을 정리했다.

이승만의 공산주의 본질에 대한 깊은 통찰력은 공산주의의 허구성을 일찍부터 간파할 수 있었고, 제2차 세계대전 이후 시작된 미국과 소련의 냉전체제에 대해서도 이미 예견하고 있었다.

하지만 미국 정부와 남한 내 정치 세력들은 본인들의 이익을 좇아 입장을 바꾸어가며 이승만과 협조하기도 하고 대립하기도 했다. 한반도는 공산화 되어서는 안 된다는 이승만의 분명한 신념 즉, 공산주의에 대한 분노야말로 한반도가 공산화되지 않은 가장 큰 이유라 볼 수 있다.

해방 전후
한반도 운명

1945년 8월 15일, 일본이 항복하면서 한국은 고대하던 해방을 맞았다. 꿈에도 그리던 조국의 해방을 맞자 이승만은 서둘러 미 국무부를 포함한 여러 곳에 귀국 신청서를 제출했지만, 미 국무부는 허락하지 않았다.

미국은 한국을 포함한 다른 어떤 약소국가의 임시정부도 인정하지 않는 정책을 고수하고 있었기 때문에 임시정부의 귀국도 허락하지 않았다. 한국인이 직접 이룬 해방이 아니라 강대국에 의해 얻어진 해방에 대한 대가였다.

한국의 독립에 대해서는 카이로 회담 때 처음 논의가 되었다. 영국의 처칠과 미국의 루스벨트, 중화민국 장개석 총통은 이집트의 수도 카이로에서 일본과의 전쟁에서 서로 협력할 것을 협의했다. 그리고 일본의 영토 처리에 대해 논의하던 중 한국의 독립도 결정되었다.

한국 독립을 약속한 카이로 선언이 나오게 된 것은 이승만과 김구의 역할이 컸다. 김구는 중국에서 임시정부를 이끌면서 장개석을 두 차례 만나 한국의 독립 의지를 전달했다. 그리고 이승만은 오랫동안 미국정부와 언론을 상대로 한국의 독립의지를 전달해왔다.

카이로에서 선언문을 직접 기초한 사람은 루스벨트의 최측근인 해리 홉킨스인데, 그는 사회사업가 출신으로 뉴딜 정책의 복지사업을 총괄한 루스벨트 행정부의 주요 인물이었다.

선언문을 기초한 해리 홉킨스는 독실한 감리교도로서 이승만과 관계를 맺고 있는 미국 감리교 지도자들을 만나면서 한국의 독립에 대해 알고 있었다. 한국 독립은 해리스 목사와 같이 이승만의 독립운동 후원 단체인 기독교인친한회를 지원한 미국 기독교인들이 있었기 때문에 가능한 일이었다.

하지만, 독립에 대한 논의가 있었던 것과 실제 독립을 할 수 있는 것은 다른 문제였다. 이승만은 카이로 회담의 문제점을 정확하게 파악했다. 한국 독립시기에 대한 구체적인 내용 없이는 강대국들의 이해관계에 따라 언제든지 바뀔 수 있다는 것이었다.

특별히 한반도는 전략적 요충지였기 때문에 국제신탁통치, 국제공동관리와 같은 중간단계를 거치면 독립의 이행이 늦추어질 수도 있었다.

또한 한국은 교전 단체의 위치도 가지지 못했다. 최소한의 무장투쟁에도 참여하지 못한 불리한 상태였기 때문에 강대국들이 약속을 지키지 않을 때도 이를 막을 방법도 도와줄 국제사회도 없는 것이 현실이었다.

한반도는 적은 변수로 모든 상황이 바뀔 수 있는 혼란 정국이었다. 이러한 이승만의 한반도에 대한 예측은 정확했다. 해방 이후 국내 좌우익의 대립과 더불어 미국과 소련의 신탁통치 논란이 있었고, 그러한 강대국의 틈바구니 속에서 발언권 또한 거의 없었다 할 수 있었다.

한반도 공산화를 위한
소련의 기회

이승만은 임시정부와 본인의 귀국이 지연되자, 소련의 지원을 받는 조선공산군이 공산주의 정권을 수립할 것을 걱정했다. 제2차 세계대전에서 독일의 항복에 결정적인 역할을 한 소련의 영향력은 막강했기 때문이었다.

소련은 동유럽에서 독일군을 몰아내면서 그 지역을 상당 부분 점령했다. 이승만은 소련의 영토적 야심이 거기서 멈추지 않고 극동아시아 지역까지 포함한다는 것을 과거 러일전쟁을 통해 알고 있었다.

이승만은 독립운동 시절부터 미국의 워싱턴 정가 지도자들에게 미국의 친소 정책을 비판해왔다.

"미국과 소련은 본질적으로 다른 것을 추구하기 때문에 친구가 될 수 없습니다."

하지만 미국은 일본과의 전쟁에서 미군의 희생을 줄이고 전쟁을 빨리 끝내기 위해서는 소련이 일본과의 전쟁에 참전할 것을 원했다. 소련은 대일전 참전을 통해 1904년의 러일전쟁에서 일본에게 빼앗겼던 일본 북쪽 영토인 사할린 남부와 쿠릴 열도를 되찾으려고 했다. 또한 중국의 여순과 대련이 포함된 요동반도에 대한 조차권을 되찾고, 중국 동부와 남만주 철도에 대한 조차권을 가지려고 했다.

문제는 소련이 대일전 참전할 경우에 한반도 북부를 작전 구역에 넣겠다고 의사를 밝혔던 것이었다. 만주의 일본군이 본국으로 도망가는 길을 막기 위해 여러 항구들을 점령하겠다는 것이 명분이었다. 소련의 이와 같은 요구는 1945년 2월의 얄타 회담에서 미국과 영국으로부터 모두 인정받았다.

이승만은 샌프란시스코에서 열린 UN 창립총회에서 '얄타 밀약설'을 폭로하면서 이에 대응했다.

"미국, 영국, 소련이 1945년 2월의 얄타 회담에서 한반도를 즉각 독립시키지 않고 몇몇 강대국이 공동 관리하거나 소련이 단독 관리하도록 비밀 협정을 맺었습니다."

미 국무부는 사실이 아니라고 강하게 반박했고, 영국도 부인했다. 하지만 소련은 제2차 세계대전 전후 처리 문제를 놓고 주요 연합국 수뇌들이 모인 베를린 교외의 포츠담에서는 극동지역에 대한 소련의 영토적 야심을 분명하게 드러냈다.

포츠담 회담에서 미국 육군참모총장 마셜과 소련 육군참모총장 안토노프 사이에 작전협의가 있었다. 이때 소련에서 제시한 작전 지도에는 놀랍게도 38선 표시가 되어 있었고 진격 방향이 서울을 향해 있었다.

이것은 소련이 한반도 분할과 서울 점령의 의지를 가지고 있었음을 분명하게 보여주고 있다. 한반도의 공산화는 피할 수 없는 현실이었던 것이다.

일본의 불필요한 휴전 협상도 소련의 한반도 남하를 가능하게 했다. 일본은 천황제의 유지와 한반도 및 대만 식민지 보유라는 받아들일 수 없는 조건을 휴전 협상으로 내걸었다.

일본은 중립조약을 맺은 소련을 중재국으로 내세워 연합국과 휴전 협상을 하려고 노력했다. 하지만 소련은 일본의 휴전 조건에는 관심이 없었고, 휴전 협상을 주선하기는커녕 일본 공격을 서둘렀다.

1945년 8월 6일, 미국이 최초의 원자탄을 일본 히로시마에 떨어뜨렸다. 상황이 다급해진 소련은 이틀이 지나 8월 8일에 일본에 선전포고를 했다. 일본 나가사키에 또 다시 미국의 원자폭탄 공격이 이어졌고, 결국 1945년 8월 10일에 일본은 항복 의사를 알리고 모든 전선에서 전투를 중지했다.

하지만 소련은 한반도 남쪽으로의 진격을 멈추지 않았다. 1945년 8월 9일, 만주 일본군이 있는 장춘과 하얼빈 포격을 시작하여 8월 26일까지 쉬지 않고 남쪽으로 이동했다. 결국 소련은 일본의 항복 발표인 8월 15일까지 단 7일간 싸우고 태평양 전쟁의 승전국이 되어 막대한 전리품을 챙겼다.

일본의 무모한 협상 조건 요구로 한반도에서는 의미 없는 소모전이 지속됐고, 소련이 극동문제에 개입하는 길을 터주어 한반도 분할과 공산화 가능성이 열리게 된 것이었다.

소련에 의한
북한정부

미국은 소련의 남하를 막을 수 없었다. 소련이 남하하고 있을 때 미군은 일본 오키나와에 있었기 때문이었다. 한반도가 공산화되면 일본도 공산화될 가능성이 있는 위험한 상황이었다. 이런 이유 때문에 미국이 할 수 있는 일은 소련에게 한반도 공동점령을 제안하는 것뿐이었다.

"위도 38도선을 경계로 한반도 북쪽에서는 소련이, 남쪽에서는 미국이 일본군의 무장해제를 맡기를 제안합니다."

소련은 미국의 제안에 합의하고, 서둘러 병력을 한반도에 주둔시켰다. 여기서 주목해야 할 점은 소련이 평양을 먼저 점령한 다음 남쪽의 38선을 향해 내려간 것이 아니라, 남쪽의 38선 근처를 먼저 점령한 다음 다시 북쪽으로 올라갔다는 사실이다. 이것은 미군 점령 예정지와 확실하게 구분하고 차단하려는 의도로 파악된다.

애초에 미국의 한반도 공동점령 제안은 한반도의 영구 분단을 목표로 한 것이 아니라 일본군을 무장해제 시키기 위한 군사적 의도였다. 한반도를 하나의 정치적 단위로 보고 공동점령국인 소련과의 협의를 통해 남북통일국가를 세우려 했던 것이었다.

그러나 소련의 생각은 달랐다. 동유럽 국가들처럼 북한 지역을 공산화할 의도를 가지고 있었다. 북쪽을 점령한 소련은 서둘러 남한과 연결된 철도, 도로, 전화를 끊었다.

소련은 8월 28일까지 북한 지역 점령을 끝냈다. 하지만, 미국은 9월 8일에야 인천에 상륙했고, 남한 전역에 대한 점령은 11월에 가서야 끝낼 정도로 소련보다 매우 늦었다.

소련은 북한 지역에 단독정부를 세우기에 앞서, 북한인들의 반발을 고려해 우익도 참여하는 민족통일전선 성격의 연립정부를 세우라고 지시했다. 스탈린의 9월 20일자 전문 지시에 따라 북한 지역 단독정부수립 계획을 신속히 실천해나갔다.

안드레이 로마넨코 소장을 사령관으로 하는 민정청을 세워 북한의 행정을 총괄하고, 지방에는 군경무사령부를 설치해 공산화 과정 전체를 맡아서 일하도록 했다.

하지만 소련은 모든 행정권을 북한인들에게 맡겨 자율적으로 운영한다고 대외적으로 선전했다. 스탈린은 북한 입성에 김일성을 이용했다. 김일성 일파는 자신들을 독립운동가로 내세우려고 했지만, 실제로 일본군과의 전투 경험은 없었다. 그들이 속한 소련군 88특별여단은 중국인, 한국인 등 외국인으로 구성된 혼성부대였고, 일본이 항복한 후에 공산정권 수립에 활용될 정치군인들을 교육하는 곳이었다.

김일성이 영웅이 되기 위해서는 독립 투쟁의 경력이 필요했다. 그래서 김일성은 군사위원 니콜라이 레베제프 소장에게 자신들도 일본군과 싸웠던 독립투사로 소개해 줄 것을 요청했지만, 거절당했다.

그러나 1945년 10월 14일, 소련은 평남인민정치위원회 주최로 열린 소련군 환영 군중대회에서 김일성을 북한인들에게 '민족의 영웅 김일성 장군'으로 소개했다.

그 후로 김일성은 어디서나 소련을 찬양했다.

"소련은 세계에서 가장 자유롭고 행복한 나라입니다. 만약 소련이 없었으면 한반도의 해방도 없었을 것입니다."

북한의 어느 행사장에나 스탈린의 초상화가 걸리고, 연설 끝에는 반드시 "스탈린 동무 만세"를 외쳤다. 그렇게 북한은 남한과는 완전히 다른 세상이 되어 가고 있었다. 그리고 김일성은 소련의 후원을 받는 '작은 스탈린'에서 주체성을 가진 민족지도자로 변조된다. 김일성의 나이는 불과 33세였다.

이승만의 귀국을
허락하는 미국

이승만이 귀국을 위해 백방으로 노력하고 있는 동안 한반도의 북쪽은 김일성 중심의 권력이 장악하기 시작했고, 남쪽에는 박헌영의 남로당의 권력이 확대되고 있었다. 이런 상황에 미국은 다급해지기 시작했다. 미국은 중도파인 여운형, 김규식, 송진우 등을 통해 공산주의의 확대를 막아보려 했으나 실패했다.

결국 미국은 해방 두 달 후인 10월 16일에야 이승만의 귀국을 허락했다. 여기에 결정적으로 도움을 준 사람은 태평양지구 사령관인 더글라스 맥아더였다. 맥아더는 이승만이 보인 철저한 반소 입장에 호감을 가지고 있었다. 또한 이승만 자신이 하루빨리 귀국해 한반도에서 공산주의자들의 입지를 막고 남한에 머물게 될 미군과 협조해 자유민주주의 정권수립에 앞장서겠다는 주장에 크게 관심을 보였다.

이승만의 귀국을 두고 맥아더의 지원과 군정사령관 하지의 건의, 그리고 남한 내 우익들의 강력한 요구가 이어졌다. 미군이 한반도에 도착한 직후인 1945년 9월 14일, 한국민주당의 원세훈과 조병옥은 중국 중경에 있는 김구, 김규식, 신익희 앞으로 서신을 보냈다.

"바로 귀국해 주십시오. 그리고 상하이에 있는 임시정부를 국내로 옮겨오십시오."

이에 하지 사령관은 미 국무부에 건의서를 제출했다.

"미군정업무를 원활히 수행하려면 한국인에게 명망이 높은 이승만, 김구, 김규식이 귀국해야 합니다. 이들이 개인 자격으로 귀국할 수 있도록 해주십시오."

드디어 이승만은 33년이나 머물렀던 미국을 떠나게 되었다. 미주 동포들에게는 짧은 고별사를 남기고 이승만은 맥아더가 머물고 있던 일본 도쿄를 거쳐 1945년 10월 16일에 맥아더의 전용기를 타고 한국 땅에 도착했다. 이승만이 그토록 고대하던 귀국이었다.

하지만 대한민국을 건국하기까지의 여정은 귀국길보다 더욱 험난했다. 이승만이 추구하는 자유민주주의, 시장경제, 한미동맹을 쟁취하기까지는 세 가지의 큰 고비가 기다리고 있었다. 한민당, 남로당, 그리고 미소공동회의가 바로 그것이었다.

한민당의 계략을 간파

미국의 원자탄 공격으로 일본 천황이 항복을 공식 선포할 당시 한반도에는 조선총독부가 주둔해 있었다. 조선총독부는 항복 이후 일어날 혼란 상태와 한국에 주둔하고 있던 일본군 35만 명을 포함한 거주 일본인들의 피해를 막기 위해서 송진우, 여운형을 차례로 만나 치안 담당을 요청했다.

치안 담당의 주된 목적은 한국인들에 의한 보복을 피하기 위해서였기 때문에 일제강점기에 기득권으로 활동하던 친일세력을 우선 찾아갔다. 그 당시 한국에는 일본에서 유학한 지식인들을 중심으로 국가를 재건하는 모임이 있었다. 조선총독부는 우선 이들에게 신변보호를 요청했지만 자신의 안위조차 보장할 수 없다고 생각한 이들은 일본 군인의 요청을 거부했다.

해방 후 미군은 한반도에 주둔하게 되었고 질서를 유지한다는 이유로 조선총독부의 통치기구를 그대로 유지하려 했다. 그 때문에 경찰을 포함한 조선총독부의 일본인 관리들은 여전히 한국에 남아 근무하고 있었다. 조선총독부의 일본인들은 미군에게 한국 좌익 세력들의 폭동 가능성에 대해 경고했고, 미군은 한국인들을 불신했다. 친일경력을 가진 지주층은 외국에서 유학한 엘리트가 많았기 때문에 즉시 미군정과 협조 관계에 들어갔다.

이들은 좌익이 조선인민공화국을 선포하자 1945년 9월 16일에 송진우와 김성수를 중심으로 한국민주당(한민당)을 창당했다. 한민당은 한국국민당과 조선민족당이 합당한 정당이었다. 그 가운데 조병옥이 경찰을 지휘하는 경무국장에 임명되고, 김성수 등의 11명이 미군정 고문으로 임명되었다. 김성수는 경성방직 회사 창설, 〈동아일보〉 창간, 보성학교 인수 등의 활동으로 재력을 갖춘 정치가이자 교육자, 언론인이었다.

이들은 이승만을 영수로 추대하여 일제강점기에 기득권을 누리며 축척한 자신들의 이익을 해방된 한국에서도 지켜나가려고 했다. 이승만이 당시 우익의 주축을 이루던 한민당의 추대를 받게 된 것은 출신 지역과 학력, 그리고 미국 내에서의 활동이 무엇보다 컸다.

미국에서 교육을 받고 워싱턴 정가의 고위 인사들과 친분이 있는 이승만을 영입하는 것은 중요한 일이었다. 하지만 이승만은 이들의 의도를 파악하고 영수 요청을 거부했다. 이 일로 이승만은 한민당과 정치적 갈등 관계에 놓이게 된다.

한반도의 공산화를 꿈꾸는 남로당

해방 후 국내에서 이승만은 독립운동의 화신, 민족의 영웅으로 신화화되었기 때문에 좌익에서도 이승만의 정치적 명성을 이용하고자 했다. 그리고 이러한 배후에는 박헌영이 있었다.

조선인민공화국을 세운 박헌영은 1912년 예산 대흥보통학교를 졸업하고, 1919년 3월에 경성고보를 15회로 졸업했다. 20세 박헌영은 미국 유학을 원했으나 이루지 못하고, 대신 일본을 거쳐 9월에 상하이에 도착했다. 박헌영은 영어강습소에서 경기도 개성 출신인 임원근을 알게 되었다. 임원근은 선린상고를 졸업하고 일본 경응대학을 다니다 상하이로 온 사람으로 박헌영과는 동년배였다. 임원근이 박헌영에게 이르쿠츠크 고려공산당 상하이 지부에 가자고 권하여 김만겸을 만나 공산당에 가입하여 사상교육을 받았으며, 여운형의 영향도 많이 받았다. 1922년 1월 제1차 극동인민대표대회가 모스크바에서 개최될 때 박헌영은 공산당청년동맹(공청) 대표로 참석했다. 이때 조선 대표는 23개 사회단체에서 52명이 선출되어 참석하는 등 대표 총수 144명 중 28%를 차지할 정도로 활발하게 활동했다. 이를 바탕으로 조선에서의 공산당은 점차 확대되었다.

한반도에 조선인민공화국이 설립될 수 있었던 이유는 미군이 남한으로 들어와 주둔하는 것이 소련군이 북한에 들어와 주둔하는 것에 비해 한 달이나 늦어졌기 때문이었다. 1945년 9월 8일에야 미군은 인천항에 상륙했기 때문에 해방 직후 여운형, 박헌영과 같은 좌익들이 조선에서 자신의 뜻을 이루며 주도할 수 있었다.

사람들은 일본이 항복했으니 곧 조선이 독립될 것이라 믿고 있었다. 하지만 수많은 희생자만 있을 뿐 독립의 가능성은 보이지 않자 크게 절망했다. 이런 상황에서 공산주의자들은 국민들과 청년들을 혼란스럽게 했다.

"미국은 우리를 돕지 않는다. 그러나 소련의 도움으로 우리가 독립이 될 수 있다."

공산주의자들의 주장은 믿을 데가 없던 국민들의 마음에 희망을 갖게 하면서 많은 호응을 얻어낼 수 있었다. 해방 정국에서 공산주의가 기하급수적으로 성장할 수 있었던 이유였다. 특히 박헌영은 다른 독립운동가들이 해외에서 해방을 맞이한 것과는 다르게 일본군을 피해 광주 벽돌 공장에 숨어 있었다가 해방을 맞이했기 때문에 이런 상황에 발 빠르게 대처할 수 있었다.

여운형을 중심으로 조직된 145개의 지부의 조선건국준비위원회를 소수지만 조직력이 강한 박헌영의 재건파가 장악하면서 9월 6일에 조선인민공화국으로 명칭을 바꿨다. 준비가 미흡한 상태에서 서둘러 조선인민공화국을 선포한 것은 미군이 들어왔을 때 기정사실로 인정받기 위함이었다. 하지만 내부에서도 합법성에 문제제기를 했다.

전 국민의 76%의 지지를 받고 전국인민대표자회의를 열어 선포했다고 했지만, 참여자의 대표성도 문제였고 대회의 의제가 미리 공고된 적이 없었기 때문이다. 박헌영은 타개책으로 중앙인민위원회 명단을 발표했다. 아직 미국에서 돌아오지도 않은 이승만을 주석에 내세운 이 명단은 본인들의 동의도 받지 않은 것이었다. 이승만의 정치적 명성을 이용해 이미지를 개선하고 정당성을 확보하겠다는 심산이었다.

'주석 이승만, 부주석 여운형, 국무총리 허헌, 내무부장 김구 (임시대리 허헌).'

이렇게 작성된 내각 명단은 박헌영과 그 추종자들이 일방적으로 작성한 것이었다. 심지어 중앙인민위원회 위원장인 여운형과도 사전협의 없이 발표한 명단이었다.

하지만 이 사실을 알 리 없는 국민들은 명단을 보고, 이것이 해방정국을 맞은 민족지도자들의 서열이라고 받아들였다. 일방적인 주석 발표 후 공산당에서는 이승만에게 취임할 것을 계속 요구해왔다.

하지만 이승만은 이를 끝까지 거부했다. 좌익들은 친일파의 즉각 숙청을 요구하며 친일파가 많은 한민당이 독립촉성중앙협의회에 참가하는 것을 반대했지만, 이승만이 이를 용납하지 않았다.

이승만이 볼 때 친일파 숙청은 건국 이후 우리 정부의 손으로 해결해야 하는 문제였기 때문이었다. 좌익들은 이승만이 참여를 거부하자 그를 '친일파를 옹호하는 매국노'라고 비난하기 시작했다.

이승만은 이들의 비난에 반격하기 시작했다. 1945년 12월 17일, '공산당에 대한 나의 입장'이란 라디오 방송 연설을 통해 공산주의자들을 비판했다.

"공산주의자들은 소련을 자기의 조국이라 부르고 나라와 동족을 팔아먹는 매국노입니다."

그리고 무엇보다도 이승만은 좌우합작정부와 같은 형태로 공산주의자들과 같이 일하는 것은 결국 조선이 공산화되는 지름길이라고 판단했다. 이승만은 귀국 후에 맞닥뜨린 혼란에서도 발 빠르게 정국을 주도하고 있었다.

미국과 소련,
강대국에 맞서는 이승만

이승만은 해방 전부터 한반도에 대한 미국과 소련의 합의로 알려진 '얄타 밀약설'을 폭로하는 등 미국과 소련의 협력에 가장 방해가 되는 사람이었다.

하지만 한반도 문제에 있어 미국은 소련과의 합의가 중요했다. 제2차 세계대전 당시 미국은 지형적으로 멀리 떨어져 있어 공군, 해병, 물자지원 위주로 전쟁을 진행했다. 반면 소련은 실제 전투에서 모든 연합군의 사상자 수보다 더 많은 사상자가 생겼을 정도로 전쟁에서 중요한 역할을 도맡았다.

따라서 전쟁 후 자연스럽게 소련의 발언권은 높아졌고, 소련의 영향력은 더욱 강해졌다. 따라서 미국은 많은 부분 소련의 의견을 존중하고 양보했다.

1945년 12월, 미국, 영국, 소련은 한국 문제를 비롯한 제2차 세계대전 이후 세계 여러 지역의 문제점에 대하여 협의하기 위해 소련 수도 모스크바에서 외무장관회의(모스크바 삼상회의)를 가졌다.

한반도 문제에 대해 미국의 기본 입장은 한반도에서 분할 점령을 끝내고 영국과 중국을 추가로 포함해 4개 연합국의 공동 신탁통치를 실시하는 것이었다.

이와는 달리 소련의 기본 입장은 한반도 문제는 미군과 소련군의 대표들로 미소공동위원회가 구성되어 한국인 연립정부를 수립해야 한다는 것이었다. 모스크바 외무장관회의는 결국 소련이 제시한 안을 채택했다.

그에 따라 한반도에서 미소공동위원회를 열어 통일된 임시민주정부를 세우고, 5년 동안 신탁통치를 거친 다음 완전독립을 허용한다는 '모스크바 협정서'가 1945년 12월 27일에 발표되었다.

하지만 통일된 정부 수립은 간단한 문제가 아니었다. 우선 신탁통치와 민주주의에 대해 미국과 소련은 다른 개념을 가지고 있었다. 정부 수립 과정에서 미국과 소련군 양쪽 모두 거부권을 가지고 있어 합의를 도출하여 진행할 수 있는 가능성은 아주 작았다.

더 중요한 사실은 당시 소련은 북한에서 이미 사실상 단독정부를 수립하고 공산 혁명을 추진하고 있었던 상황이었기 때문에 통일된 정부의 수립은 불가능했다.

하지만 소련은 좌우합작정부를 내세워 미국을 설득했다. 당시 미국은 세계 안정을 도모하는 것이 최우선이었기 때문에 소련에 속아 좌우합작 정부를 받아들였다. 하지만 좌우합작은 소련이 한반도를 공산화하기 위한 전 단계에 불과한 소련의 전략이었다. 소련은 동유럽에서 좌우합작 정부를 통해 동유럽을 공산화했기 때문에 한반도에도 같은 방법을 적용하려 했던 것이었다.

이승만은 이러한 소련의 공산주의 확산 전략을 일찌감치 파악하고 있었다. 이승만은 소련의 영향력에 휘둘리는 미국을 불신했다. 한반도가 미국과 소련에 의해 신탁통치가 될 경우, 한국의 독립은 지연될 수도 있고 한국의 독립은 강대국들의 이해관계에 따라 언제든지 무산될 수 있다고 생각했던 것이었다.

또한 미국과 소련의 합의에 의해 한국 정부가 들어선다 하더라도, 소련의 영향력이 절대적인 북한과 좌익 세력이 많은 남한은 공산화 될 것이 분명했다.

이승만은 미군정과의 갈등을 감수하면서 한반도 문제를 UN에 상정하기로 결심한다. 이승만은 임영신을 UN에 급파해 설득했다. 그 결과 한반도 정부 수립은 미소공동위원회가 아닌 UN에 의해 진행되었다. 이는 대한민국이 독립국가로서 자유민주주의와 자유경제를 추구하고 미국과 국가대 국가로 동맹을 맺을 수 있는 국가 수립의 기초가 된 결정적인 사건이라고 볼 수 있다.

이승만은 약소국의 한 개인의 신분으로서 당시 최강대국이라고 할 수 있는 미국과 소련을 상대로 그들의 논리가 아닌 자신의 논리와 입장으로 한국의 독립 의지를 끝까지 관철했다.

신탁통치에 대한
좌익과 우익의 대립

한반도의 신탁통치 소식이 전해지자 처음에는 좌익과 우익 모두 반대 입장을 취했다. 하지만 1945년 말까지 전 국민과 함께 신탁통치 반대를 외치던 좌익 진영은 갑자기 신탁통치를 찬성하기 시작했다. 박헌영이 평양에 다녀온 후부터였다. 그리고 모스크바 삼상회의의 결정이란 표현을 썼다.

갑작스러운 이런 태도의 변화 때문에 1946년 1월 3일에 서울운동장에서 계획된 '민족통일자주독립촉성시민대회'는 하룻밤 사이에 신탁통치 반대집회에서 신탁통치 찬성집회로 바뀌었다.

같은 날 평양에서도 신탁통치 지지 군중대회가 열렸다. 그들은 모스크바 삼상회의 결정의 핵심은 신탁통치가 아니라 민주주의 임시 정부 수립이며, 신탁통치라는 것도 실제로는 한국인들을 도우려는 후견제라고 주장했다.

좌익이 신탁통치 찬성을 분명하게 내세우면서 남한의 정치 세력들은 좌익과 우익의 두 진영으로 확연히 갈라졌다. 좌익은 외세개입을 옹호하는 민족반역자라는 비난을 받으며 명분에서 밀렸다.

그에 따라 신탁통치 반대 정국에서 김구의 중경 임시정부 세력이 주도권을 잡았다. 이승만과 더불어 김구도 미국과 소련의 신탁통치에 반대했다.

개인 자격으로 귀국한 임시정부 주석인 김구는 1945년 12월 30일과 31일에 일반 국민은 임시정부의 지도하에 경제부흥에 힘쓰라는 내용을 담은 〈국자(國字) 제1호〉와 〈국자 제2호〉라는 이름의 임정 포고령을 발표했다.

포고령은 실제로 효력을 발휘했다. 하지만, 미군정 입장에서는 임시정부의 이러한 행동은 쿠데타였다. 당시 한반도의 미군정을 이끌던 하지 중장은 신탁통치 반대운동을 미군정청에 대한

도전으로 생각하며 1946년 1월 1일 김구를 불러 강하게 질책했다. 그리고 김구를 포함한 임시정부 요인들을 중국으로 추방할 생각도 했다.

1946년 1월 4일, 중경 임시정부 측은 우익세력들을 규합시키기 위한 '비상정치회의준비회'를 결성했다. 그것에 자극을 받은 우익 학생들은 이철승, 손도심을 중심으로 1946년 1월 7일에 '전국반탁학생총연맹'을 발족시켰다. 이러한 것은 중경 임시정부를 중심으로 과도정권을 세워 헌법과 선거법을 제정한 다음, '국민대표대회'를 소집해 정식 정부를 세운다는 의도를 갖고 있었다. 이것으로 미군정과의 관계는 점점 악화되었다.

우익의 신탁통치 반대에도, 모스크바 협정서에 따라 1946년 1월 16일에 미국과 소련은 미소공동위원회 예비회담을 열기로 했다. 미소공동위원회가 열릴 가능성이 보이자, 1월 8일 좌익과 중도파 정치세력들은 모스크바 협정이 조선의 자주독립을 보장할 것이라고 믿는다는 지지성명을 냈다.

그러나 우익들은 소련을 믿지 않았기 때문에 중경 임시정부 세력을 중심으로 1월 12일 신탁통치반대 국민대회를 열었다. 소련은 신탁통치 제의로 반감이 높아지자 신탁통치는 미국이 제의

했다고 발표했다. 하지 중장은 그것에 동의하면서 기자회견을 통해 호소했다.

"조선인들이 모스크바 삼상회의 결정을 지지해 주십시오."

1946년 1월 16일부터 미소공동위원회 예비회담이 열렸다. 1946년 1월 23일, 중경 임시정부 측은 기존의 '비상정치회의준비회'를 토대로 이승만의 '독립촉성중앙협의회'와 함께 2월 1일에 '비상국민회의'를 출범시켰다. 그리고 앞으로의 행동목표를 '자주적 과도정권의 수립'으로 설정했다.

비상국민회의는 이승만과 김구가 추천한 28명의 최고정무위원 명단을 승인했다. 최고정무위원회는 '남조선대한국민대표 민주의원'으로 새 출발하게 되었다. 민주의원은 1946년 2월 23일 의장에 이승만, 부의장에 김규식, 총리에 김구를 선출했다. 실무를 맡을 비서국장에는 윤치영이 임명되었다. 모든 우익 세력이 민주의원으로 통합된 것이었다.

같은 시기에 좌익들도 박헌영의 조선공산당과 여운형의 조선인민당이 남한의 57개 단체와 연합하여 1946년 2월 15일에 '민주주의민족전선'을 결성했다. 공동의장으로 여운형, 박헌영, 허헌, 김원봉, 백남운의 5명을 선출했다.

민주주의민족전선으로 통합된 좌익들의 내부는 조선공산당 박헌영 일파의 독단적 행동으로 극심한 갈등상태에 있었다. 그럼에도 북한의 김두봉을 사무총국장으로 임명하여 마치 민주주의민족전선이 남북을 아우르는 통일조직인 것처럼 보이려고 했다.

그 결과 남한의 정치 세력들은 해방된 지 6개월 만에 우익의 민주의원과 좌익의 민주주의민족전선으로 완전히 갈라졌다. 그에 따라 해방 후 처음 맞는 1946년의 3·1절 기념식은 우익과 좌익이 각각 남산공원과 파고다공원에서 따로 거행했다.

넘어야 할 산, 미소공동위원회

신탁통치에 대한 찬반 의견과 상관없이, 미소공동위원회는 미국의 아놀드 소장과 소련의 스티코프 중장이 각각 대표를 맡아 1946년 3월 20일에 서울 덕수궁에서 열렸다.

미소공동위원회는 "좌우합작 정부를 수립하되 다수의 의견에 적합한 것이어야 한다"라고 했다. 이것은 소수파인 좌익의 집권을 바라지 않는다는 것과 동시에 극우파로 비난받는 이승만, 김구 세력을 제외하겠다는 의미도 함께 있었다. 특히 미소공동위원회의 성공적 개최를 위해 반공 반소주의자인 이승만을 경계했다.

미소공동위원회 개회사에서 소련 대표단장 스티코프는 직설적으로 우익세력을 공격하고 좌익 세력을 옹호했다. 그러면서 앞으로 세워질 '민주주의적 임시정부'는 모스크바 삼상회의의 결정을 지지하는 민주적인 정당들과 사회단체들만을 협의대상으로 삼아야 한다고 주장했다.

이것은 장차 한국을 소련 침략의 요새지로 만들려는 소련의 야욕에 반대하는 세력을 처음부터 제외시키려는 의도였다.

소련은 미소공동위원회가 열리기 전에 앞으로 수립될 남북통일정부의 각료 구성원에 대해 구체적인 계획을 세우기도 했다. 임의적으로 작성한 내각 명단 등을 보면, 소련의 정부 계획은 좌익이 지배하는 것을 목표로 했다. 따라서 소련은 남한의 우익은 절대로 미소공동위원회 협의 대상이 될 수 없다고 고집했다.

하지만 미군과 소련군은 타협안으로 1946년 4월 18일에 공동성명 제5호를 발표했다.

"지금까지 모스크바 삼상회의의 결정, 즉 신탁통치에 반대했던 정당이나 단체라고 하더라도 그것에 동의하고 앞으로 미소공동위원회의 결정사항에 협력한다고 서명만 한다면 협의 대상에 포함시킬 수 있다."

좌익은 이를 환영하며 30개의 정당과 사회단체가 4월 27일까지 서명을 마쳤다. 그러나 우익의 입장은 둘로 갈렸다. 강경파는 서명하는 것 자체가 신탁통치를 받아들이는 것이라며 반대했고, 온건파는 일단 미소공동위원회의 협의대상이 되어 민주주의 임시정부 수립에 참여한 다음 신탁통치를 반대하자는 것이었다.

하지 중장은 특별담화를 발표했다.

"공동성명서 제5호를 받아들인다고 해서 신탁통치에 찬성하는 것은 아니며, 설사 신탁통치가 실시된다 하더라도 관련된 강대국들이 찬동하면 그 기간이 5년 이하로 줄어들 수도 있다."

이러한 하지 중장의 담화에 우익 진영은 크게 고무되어 1946년 5월 1일에 21개의 정당과 사회단체가 서명했다.

그러자 소련은 우익의 친일 반동분자들을 그대로 권력의 자리에 둘 수 없기 때문에 하지 중장의 해석을 받아들일 수 없다며 맞섰고, 미국은 신탁통치를 반대했다는 이유로 우익을 제외시키는 것은 민주주의의 근본인 표현의 자유를 무시하는 것이라고 응수했다.

이러한 대립 상황에서 임시정부를 세우는 문제에 대한 합의가 불가능해 미소공동위원회는 중단의 위기를 맞고 휴회하게 되었다. 남북한의 좌익들은 미소공동위원회의 중단이 남한의 우익 지도자들 때문이라며 일제히 비난했다.

이승만의
정읍 발언

미소공동위원회가 실패로 돌아간 직후, 1945년 10월 20일부터 6회에 걸쳐 조선정판사 사장 박낙종 등 조선공산당원 7명이 위조지폐를 발행한 사건이 일어났다.

조선정판사 위폐사건을 계기로 미군정청은 공산당의 불법행위를 단속하며 좌익들에 대한 중립정책에서 탄압정책으로 바뀌게 되었다.

공산당 기관지 〈해방일보〉 발행을 일시적으로 중지시키고, 공산당 사무실들을 서울의 중앙당만 남기고 모두 폐쇄시켰다. 5월 23일부터는 38선을 폐쇄해서 누구도 북한으로 가지 못하도록 했다. 그리고 서울주재 소련총영사관을 폐쇄시켰다.

이때부터 남한에서의 공산당 활동은 크게 약화되기 시작했다. 그에 대한 보복으로 북한의 소련군도 남한의 미군에 협조하지 않았다.

미국은 소련과 대립하는 상태에 있으면서도 소련과 협의를 통한 남북통일 연립정부 수립의 좌우합작적 태도를 바꾸지 않았다. 우선 남한에서 좌우합작의 임시 통치기구를 만들어 앞으로의 남북합작에 대비하는 것이 한반도의 공산화를 막는 길이라고 생각하고 있었다.

이승만은 동유럽 사태를 봤을 때 이러한 미국의 좌우합작, 남북합작 정책이야말로 공산화로 진입하는 방법이라고 생각했다. 그래서 1946년 5월 12일에 미국과 소련의 합의를 통한 정부 수립이 불가능하다면 한국인들이 직접 나서서 '자율정부'를 수립해야 한다며 '독립전취 국민대회'를 열었다.

이승만은 대중에게 독립의식을 일깨우기 위해 1946년 6월 2일부터 지방 순회 강연에 나섰다. 이승만은 첫 집회장소인 전북 정읍에서 이렇게 말했다.

"미소공동위원회가 휴회에 들어가 다시 열릴 기색도 보이지 않아 통일정부 수립도 기대할 수 없습니다. 그러니, 남한만이라도 임시정부 혹은 위원회 같은 것을 만들어 국제적 발언권을 얻도록 해야 합니다. 그리고 나서 국제사회에 호소해 소련이 물러나도록 해서 통일정부를 세워야 합니다."

좌익들은 이승만의 정읍 발언이 분단을 고착화하려 한다고 맹렬히 비난했다. 김구의 한독당과 하지의 미군정 당국에서도 비판했다. 정읍 발언으로 이승만에게는 분단주의자, 민족반역자라는 수식어가 붙었다.

하지만 이승만이 단독 정부에 대해 언급하기 전, 1946년 2월 8일에 북한에서는 이미 '북조선임시인민위원회'라는 단독정부가 세워져 공산혁명을 추진하고 있었던 상태였다.

북한은 김일성 우상화 작업이 시작되었다고 경고했다. 김일성은 북한이 먼저 공산화한 다음 그것을 기지로 삼아 남한도 공산화해야 한다고 말했다. 그리고 남한의 이승만을 '민족 파시스트'로 규정하여 타도해야 한다고 했다.

남한과 협의하여 통일할 의지는 없었던 것이었다. 이러한 모든 정보를 종합해 볼 때, 이승만의 남한 단독 정부 발언은 국제 정세와 북한 상황을 정확히 알고 남한이 나아가야 할 방향성을 구체적으로 제시한 현실적인 제안이라고 볼 수 있다.

공산주의 본색이 드러난
북조선인민위원회

남한과 달리 북한에서는 모든 것이 일사천리로 진행되고 있었다. 1945년 10월에 소련군은 북한을 독립된 행정단위로 통치하기 위해 중앙행정기구로서의 북조선 5도행정국을 설치하여 중앙정부의 역할을 했다.

북조선 5도행정국은 민정사령관 로마넨코의 지휘를 받으며 모든 부문에서 소련의 엄격한 통제 밑에 놓여 있었다. 소련 군정 아래서 억압과 수탈도 극심했다. 38선의 차단으로 남한으로부터 식량이 들어오지 못하는데다가 소련군이 군량미로 징발했기 때문에 북한에는 식량이 부족했다.

11월 7일, 함흥에서 쌀 공출을 중단하라는 학생 시위가 일어났다. 11월 18일에는 평안북도 용천군 용암포읍에서 반공시위가 일어났다. 시위를 막기 위해 그 지역 공장 노동자들을 동원해 폭력을 휘둘러 장로 1명이 사망하고 12명이 중경상을 입는 사고가 일어났다.

그 소식이 퍼지자 11월 23일에 신의주에서 3천 명의 학생들이 시위를 벌였다. 시위를 진압하기 위해 기관총을 쏘면서 23명이 즉사하고 700여 명이 부상당하는 참사가 일어났다. 시위 주동자들은 투옥되거나 중앙아시아로 유배되었다.

불안감을 느낀 기독교인, 조선민주당, 사회민주당 인사들은 대거 38선을 넘어 남한으로 탈출했다. 소련군은 시위 지역의 공산당 간부를 징계하고, 김일성을 보내 주민들을 달래게 했다.

1945년에는 조만식 일파에게도 정당 창당을 설득했다. 스탈린 지령이 좌우합작 정권수립을 지시하고 있었기 때문이었다. 조만식은 적위대 소속 공산주의자들의 만행을 막기 위해서라도 정당은 필요하다고 생각하여 11월 3일 좌우합작 정당인 조선민주당을 창당했다.

그러나 조선민주당의 좌우합작 상태는 오래갈 수 없었다. 1945년 말 평남인민위원회가 지주들의 토지를 몰수해 관리하면서 공산주의자의 본색이 드러났기 때문이다.

조선민주당의 우익 세력들은 반동 친일분자로 매도됐고, 조만식은 고려호텔에 연금되었다. 형식적으로는 김일성 일파의 조선공산당 북조선분국, 연안파 공산주의자들의 조선신민당, 북조선 천도교청우당 및 조선민주당의 4개 정당이 공존하는 다당제 형태를 보였으나 실제로는 공산주의자들만이 합법적으로 활동할 수 있었다.

이 모든 과정은 북조선임시인민위원회를 설립하기 위한 과정이었다. 더 이상 활동할 여지가 없게 된 우파 자유주의세력들은 대거 월남 길에 올랐다.

1946년 2월 8일, 김일성은 '북조선 인민위원회 대표 확대회의'에서 통일정부가 조직될 때까지 북조선만을 단위로 하는 중앙주권기관을 창설할 때라고 주장하며 '북조선임시인민위원회'를 탄생시켰다.

그와 동시에 김일성에게 '민족의 영웅', '위대한 영도자' 등의 호칭이 붙여지기 시작했고, '김일성 장군의 노래'가 등장했으며, '우리 민족의 태양'으로 묘사되는 김일성 우상화 작업이 시작되었다.

해방 후 처음 맞는 1946년의 3·1절 기념행사에서 김일성은 1919년의 〈독립선언서〉에 대한 언급조차 없이 해방과 자유를 가져다 준 소련에 감사의 뜻을 나타냈다.

"북조선임시인민위원회는 '새로운 민주주의적 정권 형태'입니다. 새로운 진보적 민주주의는 소련과 같은 소비에트 정권을 세움으로써 가능해집니다."

북한에서 공산주의에 대한 저항도 있었다. 1946년 3·1절 기념행사 때, 평양의 11개 학교 1만여 학생들은 북조선임시인민위원회 창설 반대, 모스크바 삼상회의의 신탁통치 결정 반대, 신앙·출판·집회·결사의 자유 보장을 외치며 동맹휴학에 들어갔다.

같은 시간에 평양의 장대현교회에서도 5천여 명의 기독교인들이 모여 3·1절 기념 예배를 드리고, 1919년의 〈독립선언서〉를 낭독하고 가두시위를 벌였다. 신의주 동교회에서도 수천 명의 교인이 독자적인 3·1절 기념 예배를 강행했다. 이와 같은 일은 신의주 제2교회를 비롯한 평안도의 여러 교회에서도 일어났다. 그들은 공산정권이 주최한 기념식에 참석했던 친공적인 군중의 습격을 받았다.

남한에서 파견된 반공우익단체 백의사 요원들은 공산주의 지도자들을 제거하기 위한 대담한 행동을 했다. 평양역 앞 3·1절 기념 행사장에서는 수류탄을 던져 김일성을 암살하려는 사건이 일어났다. 빨치산파인 최용건과 김책의 집이 폭탄을 맞았고, 북조선임시인민위원회 서기장인 강양욱의 집에 폭탄이 터져 아들과 딸, 가정부와 경비원이 죽었다. 또 소련점령군 치스차코프 사령관의 집도 불탔다.

하지만 북조선인민위원회로 가는 길은 차질 없이 진행됐다. 결국 1946년 11월 3일에 북한 최초의 선거가 실시되었다. 입후보자는 개별 출마를 하지 못하고 북민전의 추천으로 결정되었다. 김일성도 평남 강동군 삼등면에 북민전의 공동후보로 등록했다. '친일분자'로 규정된 사람은 선거권과 피선거권을 갖지 못하게 했다.

입후보자 1명에 대해 찬성할 경우에는 투표용지를 백색함에 넣고, 반대할 경우에는 흑색함에 넣도록 했다. 북한은 이것이 민족 역사상 최초의 '민주선거'라고 선전했다.

총유권자 451만 가운데 사실상 전원이 투표하고 찬성했는데, 자유선거·민주선거라고 할 수 없는 것이었다. 입후보자들 사이의 경쟁도 없고, 흑백함을 이용한 공개투표였기 때문이다.

이와 같은 선거에 기독교인들이 반발했다. 그들은 추천된 입후보자를 거부하기 위해 투표용지를 검은 투표함에 넣으라는 흑함운동을 벌여 공산정권에 저항했다.

특히 기독교인들은 그 선거가 일요일에 치러지는 것에 대해 반대했다. 기독교인들의 저항에도 불구하고, 북조선임시인민위원회는 1946년 11월 3일의 선거를 근거로 '북조선인민위원회'로 격상되었다.

남한에서의
좌익 활동

공산주의는 기본적으로 일국일당, 즉 한 나라의 정치를 하나의 당에서만 다스린다는 것을 원칙으로 한다. 그래서 해방 후 박헌영이 먼저 서울에서 조선공산당을 세웠기 때문에 김일성은 평양에 또 다른 공산당을 창설할 수 없었다.

국내 기반이 없는 김일성은 국내파 공산주의자들의 반발로 조선공산당 북조선분국에 만족해야 했으며, 전적으로 소련에 의지해야만 했다. 하지만 세력을 확보한 김일성은 빠르게 공산당을 장악하기 시작했고, 국내파 공산주의자들을 지방에 뿌리를 둔 지방할거주의자, 종파분자로 비난했다. 또한 일제강점기에 끝까지 투쟁하지 못했다고 비난하며 그들을 제거하기 시작했다.

북한의 김일성이 세력이 강력해질수록 남한의 원조 좌익 세력의 중심인 조선공산당의 박헌영은 여러 가지로 불리한 위치에 놓였다. 우선 미군정이 조선공산당을 불법화했고, 좌익 내부에서도 경쟁자인 여운형에게 밀렸다.

여운형은 좌우합작 운동의 한 축으로 미군정의 지지를 받고 있었을 뿐만 아니라 북한의 소련군과 김일성으로부터도 지지를 받고 있었다. 더구나 박헌영은 조선공산당 내부에서도 대의원대회조차 소집하지 않고 불법으로 당권을 잡았다며 비난을 받고 있었다.

이와 같은 불리한 상황에서 박헌영은 자신의 존재를 드러낼 수 있는 방법을 모색하는데 그 길은 대대적인 폭력 투쟁뿐이었다. 이것은 9월 총파업과 대구 10·1폭동으로 나타났다.

박헌영의 조선공산당은 미군정을 대상으로 대대적인 폭력투쟁에 들어갔다. 1946년 9월 23일, 전국의 노동단체들은 파업에 돌입했고, 학생들의 동맹휴업이 이어졌다. 가난, 혼란, 미군정 한인관리들의 부패 등에 분노한 대중들이 그들의 폭력 행위에 호응했다.

10월 1일, 대구에서는 식량부족에 항의하는 군중이 뒤섞여 폭동이 일어났다. 폭동은 경상, 전라, 충청 지역으로 확대되었다. 당시 박헌영은 미군정의 체포를 피해 북한으로 탈출했다.

이승만의 대미외교

미군정은 소련과 함께 좌우합작 정부를 설립하고 미군정의 권한을 점차 한국인들에게 넘기면서 한반도 문제를 빠르게 마무리하려고 했다.

물론 미군정의 이러한 입장이야말로 소련이 원하던 것이었다. 미국은 어느 정도 소련의 공산화 확산을 막아주면서 한반도의 안정화를 이룰 수 있다면, 한국 정부가 어떤 형태이던지 관심 밖의 일이었다. 다시 말해, 한국이 나가야 할 방향이나 국가 이념에는 큰 관심이 없었던 것이었다.

이러한 맥락에서, 미군정은 한국인들과 공동으로 '조미공동

소요대책위원회'를 구성했고, 김규식과 여운형은 10월 7일에 좌우합작 7원칙을 발표했다. 남한이 북한과 남북합작을 해야 한다는 요구는 철회되고, 토지개혁도 여러 단계로 다양화했다.

친일파 처리 문제도 앞으로 구성될 입법의원에 넘겨 처리하도록 늦추는 여유를 보였다. 사안에 대한 합의 없이 일을 진행하기 위한 미국의 포장은 구체적인 사안에 대해 의견이 오가자 결국 우익 세력 내부에서 의견이 나뉘었고, 여운형 역시 박헌영의 협박과 납치에 한 발 물러서면서 좌우합작은 다시 중단 위기에 빠졌다.

그러나 미군정은 좌우합작위원회와 협의해 입법의원을 설립하기로 했다. 국민이 간접선거를 통해 뽑는 민선의원 45명과 미군정이 임명하는 관선의원 45명으로 구성하도록 했다.

결국 1946년 12월 11일에 '남조선과도입법의원'이 열려 의장으로 중도파인 김규식을 선출했다. 김규식은 입법의원 의장 취임사에서 중도좌파의 입장을 강력하게 말했다.

"좌우협조와 미소협조를 통해 모스크바 삼상회의 결정에 기초한 통일된 임시정부가 탄생하도록 노력하겠습니다."

이승만은 미군정이 입법의원의 관선의원으로 좌파들을 임명하는 것을 보고 분노했다.

"이대로 진행된다면 소련이 원하는 대로 한반도가 공산화 될 것은 자명한 일이야! 그리고 미국정부의 한반도 정책이 바뀌어야 한반도에서 정부를 세울 수 있어."

그래서 1964년 12월 4일에 이승만은 미국정부와 UN 총회에 직접 호소한다는 명분으로 도쿄에서 맥아더를 만난 뒤, 미국 워싱턴으로 향했다.

이승만은 정부와 언론인을 향해 주장하며 미군정의 좌우합작 정책을 공개적으로 비난했다.

"미소공동위원회를 통해 한반도의 통일정부를 수립하는 것이 불가능합니다. 그리고 북한에는 이미 사실상의 정부가 세워졌으므로 남한에서도 그와 같은 길을 밟아야 합니다."

그리고 한반도 문제의 해결을 위한 6개 항목을 미국정부에 제시했다. 주요 내용은 남한에서만이라도 선거를 통해 임시정부를 세우고, 그 임시정부를 UN에 가입시켜 미국, 소련과 협의해 통일정부를 세우도록 해야 한다는 것이었다.

더불어 한반도 경제 복구를 위해 일본의 배상문제가 조속히 해결되어야 하고, 그 과정에서 한국의 주장이 고려되어야 한다고 했다.

국무장관 마샬도 맥아더의 보고를 통해 남한에 대한 적극적인 조치가 필요함을 알게 되었다. 미국에 온 하지 중장은 한반도 정부 수립은 미국과 소련의 정부 차원의 직접 협상이 필요하다고 발언했다.

또 북한은 이미 상당한 병력을 보유하고 있어 미군이 철수하면 내전이 벌어지고 결국 소련이 한반도 전체를 지배하게 될 것이라고 주장했다. 그에 따라 관계부처 실무자들로 한반도특별위원회가 구성되어 남한을 적극적으로 원조하는 동시에 총선거를 통해 임시정부를 세워야 한다고 보고서를 제출했다.

가장 큰 변화는 소련에 대한 미국의 정책이었다. 미국은 공산주의의 확대를 저지하기 위해 지금까지의 소련에 대한 유화정책을 버리고 강경정책으로 전환했다.

미국의 반공은 '트루먼 선언'을 신호탄으로 시작되었다. 그러나 한편 미국은 한반도 문제에 관해서는 소련과의 협상 가능성을 완전히 버리지 않았다. 그 때문에 1947년 4월 8일, 미국은 공동위원회를 다시 열자고 소련에 제의했다.

소련은 여전히 모스크바 협정에 반대했던 우익들을 미소공동위원회의 협의 대상으로 받아들일 수 없다고 답했다. 하지만 이에 대해 미국 역시 신탁통치 반대자들도 협의 대상으로 삼아야 한다고 대응했다.

이러한 의견 차이에도 불구하고 미국과 소련 양측은 회동의 필요성에 대해서는 동의했기 때문에, 1947년 5월 21일에 미소공동위원회가 다시 열리게 되었다. 미국과 소련의 협상에 방해가 될 것을 우려하여 미국은 이승만의 귀국을 방해했다.

이승만은 민간 항공기로 4월 8일에 겨우 도쿄에 도착할 수 있었다. 이승만은 도쿄에서 맥아더를 만난 다음 중국으로 건너가 1947년 4월 14일에 상하이에서 장개석을 만났다. 원래 장개석은 이승만보다 김구를 지지해 왔으나, 모택동의 공산당과 갈등을 겪는 과정에서 반공주의자인 이승만을 높이 평가했다.

1947년 4월 21일, 이승만은 장개석이 제공한 특별군용기를 타고 광복군사령관 지청천과 함께 서울에 도착했다. 그러나 이승만이 탄 중국군 비행기는 마지막 순간까지도 김포비행장 착륙을 허가받지 못한 불확실한 상태에서 운행을 해야 했다. 그처럼 미군정은 이승만에 대해 적대적이었다.

미소공동위원회의
두 번째 실패

1947년 5월 21일에 덕수궁에서 다시 미소공동위원회가 열렸다. 소련군 대표단은 '조선임시정부수립안'을 내놓았는데, 그것은 전적으로 북한과 남한 좌익에게 유리한 것이었다.

내각 수상은 좌익이 맡고 2명의 부수상은 좌익과 우익이 나누어 맡도록 했다. 내각에서도 좌익이 중요한 부서를 맡는 데 비해, 우익은 비교적 덜 중요한 부서를 맡도록 되어 있었다.

남북한 인구에 비해 지나치게 많은 것이었지만, 소련은 한국의 좌익이 우세하고 북한은 남한보다 공업이 발달해 경제 규모가 훨씬 더 크다는 이유로 당연하다고 주장했다.

미국과 소련 양측은 겉으로나마 합의에 도달하는 모습을 보여 주려고 공동성명을 냈다. 하지만 협의대상 문제를 놓고 미국과 소련은 다시 갈등하며 어려워지기 시작했다. 소련은 신탁통치 반대자들을 미소공동위원회 협의 대상에서 제외해야 한다고 계속 주장했다. 미 국무장관 마셜은 이러한 소련의 요구를 받아들일 수 없었다. 표현의 자유는 미국이 양보할 수 없는 원칙이기 때문이다.

미국과 소련이 미소공동위원회와 관련한 사항에 대해 대립을 할 때, 미국과 소련의 관계가 악화될 만한 외부 사건들이 연이어 생겼다.

우선 여운형이 암살당했다. 여운형은 새롭게 근로인민당을 창당하고 미군정의 좌우합작 정책에 협력하고 있었기 때문에 여운형은 미소공동위원회에 중요한 인물이었다. 여운형이 암살됨으로써 미소공동위원회의 성공은 더욱 희박해졌다.

또한 좌익들이 해방 3주년을 맞아 대대적인 폭동을 일으킬 것이라는 정보를 미군정이 접수하고 좌익에 대한 대대적 검거에 나섰는데, 이에 대해 소련은 강력하게 항의했다. 항상 소련에게 협조하던 미국은 이번엔 내정간섭이라며 소련의 요구를 받아들이지 않았다.

미국은 더 이상 미소공동위원회가 성공할 수 없다고 판단했고, 소련과의 협조에서 소련의 견제로 입장을 변경했다. 미국의 이러한 태도 변화는 앨버트 웨드마이어의 보고서 영향도 많이 받았다.

그는 8월 26일에 트루먼 대통령 특사로 남한을 방문하여 한반도와 중국에 대해 둘러보고 미국에 돌아가서 보고서를 상부에 올렸다.

"장개석에 대한 지원과 함께 남한에 대한 경제원조, 미군의 계속 주둔, 그리고 남한의 단독정부 수립을 권고합니다."

미 육군차관인 윌리엄 드레이퍼 비슷한 주장을 했다.

"남한도 일본과 마찬가지로 소련의 팽창을 막기 위한 기지가 되어야 합니다."

그제야 미국은 이승만이 처음 제시한 남한 단독정부 수립에 대해 진지하게 살펴보았다. 소련과 미국의 본질적 차이로 합의

점을 찾을 수 없을 것이라는 이승만의 주장이 옳았던 것이었다.

UN으로 넘어간
한반도 문제

1947년 8월 26일, 미 국무차관 로버트 러빗은 미소공동위원회가 사실상 실패했다고 선언했다.

"한반도의 정부수립 문제를 논의하기 위해 미국, 소련, 영국, 중국 4개국 외무장관 회의를 열 것을 제안합니다. UN의 지도 아래 남북한이 각각 총선거를 실시하여 임시국회를 구성한 다음, 인구비례에 따라 전국적인 임시국회를 구성합시다."

이에 대해 소련은 완강히 거부했다. 하지만 미국은 1947년 9월 16일에 한반도 문제를 제2차 UN 총회에 넘기겠다는 뜻을 소련에 통보했다. UN 참관 아래 선거를 실시하고, 선거 결과를 토대로 남북을 아우르는 전국적인 의회를 구성하고, 그 의회가 마련한 법과 절차에 따라 전국적인 정부를 세운다는 것이었다.

그리고 정부 수립 후에 미국은 소련과 같이 한반도에서 철수해야 한다고 제안했다. 하지만 소련은 우선 미소 양국부터 철수하고 그 다음에 정부를 수립하자고 주장했다. 미국의 개입만 없다면, 당시 좌익이 득세하던 한반도에 좌익 정부가 세워질 수 있다고 생각했기 때문이었다.

미국은 그때가 언제가 됐든 한반도에서 철수할 계획을 세웠다. 한반도에 좌익이 득세하여 끊임없는 주한미군철수 요구가 이어지는 상황에서 한반도가 공산주의와 대치할 때 전략적 가치가 높지 않다고 판단했기 때문이었다.

미국은 동아시아에서 공산주의와 대치하게 된다면 일본을 중심으로 해군과 공군을 이용해 대항하고 한반도는 제외시킨다는 전략을 세웠던 것이었다. 미 의회도 예산 부족을 이유로 주한미군철수안을 채택했을 뿐만 아니라 남한에 대한 경제원조도 거부했다.

1947년 10월 17일, 미국은 한반도 통일정부 수립 문제를 UN

에 제출했다. 11월 14일, UN 총회는 미국안을 통과시키고 UN 한국임시위원단을 구성했다.

한반도 문제에 대해 UN 총회의 결정이 발표되자, 각 진영은 다른 입장을 보였다. 우선 이승만은 UN 총회 결정을 지지한다는 사실을 널리 알리도록 했다. 이승만은 한반도 문제를 UN에 상정하는 것을 단순히 지지하는 것이 아니라 적극적으로 개입해 왔기 때문이다.

이승만이 미국을 방문했을 때도 미 국무부를 통한 외교활동에 집중하며 의회와 언론을 상대로 로비 활동을 했다.

이승만은 미국 내의 반공산주의 여론에 호소했다. 더 나아가 트루먼 대통령, 폴 헨리 스파크 UN 총회 의장과 면담을 시도하는 등 한반도 문제를 UN에 상정하기 위해 노력했다.

이승만은 처음부터 미국과 소련이 본질적으로 같은 길을 갈 수 없다고 생각했고, 좌우합작 반대 및 UN 상정을 적극적으로 행동으로 옮기면서 진행했었다. 그 때문에 이승만은 누구보다도 UN 총회 결정을 환영했다.

반면 소련과 북한은 즉각 반발했다. 1947년 11월 18일, 북한은 남한에 보내는 전기를 90분 동안 끊어 일시적 혼란을 일으키며 위협했다.

1947년 10월 24일, 조선노동당도 UN의 개입을 비난하는 담화문을 발표하여 UN 총회 결의에 대해 맹렬히 반대했다. 또한 한국민주당과 한국독립당을 비난했다. 김규식을 중심으로 한 중도파 역시 UN 총회 결정에 반대한다는 의사를 조심스럽게 드러냈다.

UN 한국임시위원단의
한국 방문

1948년 1월 8일, UN 한국임시위원단이 서울에 도착했다. 대다수 국민들은 UN의 한국 방문을 환영했다. UN 한국임시위원단은 덕수궁에서 중국인 호세택 사무총장의 사회로 첫 번째 회의를 열고 임시의장으로 인도 대표 메논을 선출했다.

위원들은 모두 남북한에 걸친 총선거를 통한 통일정부가 세워져야 한다고 강조했다. 하지만 소련과 김일성은 UN 한국임시위원단에 어떠한 참여나 협조도 없을 것이라고 통고하면서 UN 한국임시위원단의 북한 방문을 반대했다. 소련의 UN 대표 그로미코의 위원단 입국 거부 발표로 남북한 총선거는 불가능했다.

이승만은 UN 한국임시위원단의 내한을 환영하며 UN의 남북총선거에도 환영성명을 냈다. 하지만 이승만은 위원단이 북한의 협의를 얻어 남북총선거의 가능성은 크지 않다고 생각했다.

UN 한국임시위원단의 북한 방문이 실패하자, 이승만은 우선 남한만이라도 즉시 선거를 해야 한다는 의견이었다. 한편 김구도 UN 위원단의 내한은 환영했지만 UN 감시하의 선거가 아니라 남북협상을 통해 통일정부를 세울 길을 찾아야 한다고 주장했다.

남한 단독 선거에 대해서 UN 한국임시위원단 안에서도 남한에서만이라도 선거를 하자는 의견과 북한이 참여하지 않는 선거는 하지 말자는 의견으로 나뉘었다.

UN 한국임시위원단은 의장 메논과 사무총장 호세택을 UN 본부로 보냈다. UN 임시총회는 남한만의 선거를 주장하는 안을 통과시켰다.

이승만을 비롯한 남한의 우익들은 환호했다. 남한만의 선거가 드디어 국제적 동의를 얻은 것이었다. 1948년 3월 1일, UN 한국임시위원단은 남한에서 5월 10일 이전에 선거를 실시하겠다고 발표했다. 선거에서는 언론, 출판, 집회, 결사의 자유를 포함한 민주주의적 권리가 보장될 것임을 약속했다.

1948년 3월 17일, 그에 따라 미군정은 국회의원 선거법을 공포했다. 좌익에 의한 선거 방해가 예상되었기 때문에 군정청 경무부장 조병옥은 경찰력을 돕게 될 향보단을 한시적으로 조직하겠다고 발표했다.

공산당 군중대회로 끝난
남북협상

이승만과 김구는 신탁통치 반대나 미소공동위원회 문제에서는 협조관계에 있었으나, 총선거에 대해서는 서로 입장이 달랐다. 결국 남한 단독 선거에 대해 이승만과 김구는 공개연설을 통해 정면으로 맞섰다.

김구와 김규식은 남한만의 총선에는 참여하지 않겠다는 공동성명을 발표했다. 그리고 북한의 김일성, 김두봉에게 남북지도자회담을 제안하며 통일정부 수립 방안을 찾아보려고 했다.

처음 북한은 김구와 김규식의 제안을 무시했지만, 소련의 조언으로 북한이 남북회담에 호응하는 것이 전략상 유리하다고 판단하여 회담은 북쪽이 먼저 제의하고 남쪽이 받아들이는 형식으로 좌익 세력들을 초청했다.

이승만은 남북협상파의 행동을 강력히 비판하며, 1948년 4월 2일에 성명을 발표했다.

"남북회담은 한반도 전체를 공산화하기 위해 시간을 끌려는 소련의 음모입니다. 그것에 호응하는 것은 소련을 돕는 것입니다."

당시의 국제정세에 비추어 볼 때, 이 같은 우익들의 주장에는 상당한 근거가 있었다. 공산당과 합작했던 동유럽과 중국이 공산화가 되었기 때문이다.

남한 측 인사들이 모두 평양에 도착하자, 김구는 성명서를 발표했다.

"우리끼리 단결하여 우리의 독립 문제를 완성합시다."

그러나 북한이 개최한 남북지도자연석회의는 소련공산당이 만든 각본에 따른 것이었다. 모란봉극장에서 열린 '전조선제정당

사회단체대표자연석회의'는 545명이 참석한 거대한 군중집회였다. 회의장은 김일성에 대한 찬양과 이른바 '민주개혁'에 대한 찬양의 분위기로 가득했다. 그것은 김구와 김규식이 제안한 남북회담과는 너무나 거리가 멀었다.

4월 26일에 모든 회의가 공식적으로 끝나자, 남한에서 북한으로 간 참석자들은 회의가 남북협상이 아닌 공산당 군중대회로 끝난 것에 대해 불만이었다. 그러자 소련군 측은 1948년 4월 27일에 15인 회담으로 불리는 남북지도자협의회를 열게 해주었다.

5월 6일, 서울에서 김구와 김규식은 '남북협상에 관한 공동성명'을 발표했다.

"북한이 단독정부는 절대로 수립하지 않겠다고 약속했습니다. 그리고 전기도 끊지 않고, 저수지 물도 보내겠다고 약속했습니다. 그리고 이번 회의를 통해 우리 민족끼리는 무슨 문제든지 협조할 수 있다는 것을 체험으로 증명했습니다."

그러나 그것은 북한의 속임수를 간파하지 못한 발언이었다. 남북연석회의와 김구, 김규식에 관한 이야기는 5월 10일에 실시될 총선거의 열기로 잠시 잊히고 말았다.

최초의 민주선거
5·10 총선과 제헌국회 개원

1948년 5월 10일, 총선거 투표는 우려했던 것과는 달리 비교적 평온하게 치러졌다. 투표일을 앞두고 모든 좌익단체들은 총선 파탄 투쟁을 위한 총동원령을 내렸고 '남조선 단선단정반대투쟁 총파업위원회'는 총파업을 선언했다. 또 제주에는 좌익 세력들이 대한민국의 건국을 부정하며 폭동을 일으킨 제주 4·3사건이 일어났다.

그러나 투표일 당일에는 유권자들의 높은 투표 열기에 압도되어 좌익 세력의 투쟁은 큰 위력을 못 얻었다. 5·10선거를 감시하기 위해 UN 한국임시위원단 관계자들이 전국에 흩어져 참관했다. 외국 기자들도 지켜보았다. 남로당의 방해로 투표를 제대로 못한 제주도의 2개 선거구를 제외하고는, 전국의 198개 선거구에서 선거를 무사히 치렀다.

이승만은 동대문구 갑구에서 당선되었다. 그러나 우익은 압도적 승리를 얻지 못했다. 198명의 당선자 가운데서 우익은 독촉국민회 55명, 한민당 29명, 대동청년단 12명으로 총 96명뿐이었다.

김구와 김규식의 남북협상파는 공식적으로 선거에 참가하지 않았지만, 개별적으로 많이 입후보해 적지 않게 당선되었다. 우익 진영 입후보자들의 치열한 경쟁으로 얻은 어부지리였다.

5·10선거가 끝나자 5월 14일에 북한은 남한에 대한 전기 공급과 연백 평야에 대한 물 공급도 끊었다. 평양회의에서 김구와 김규식에게 했던 약속을 어긴 것이었다.

1948년 5월 31일에 국회가 문을 열었다. 최고령자라는 이유로 임시 의장으로 선출된 이승만은 독립을 찾은 것이 하나님의 힘이라고 말했다. 그리고 북한에서 월남해 국회의원에 당선된 이윤영 목사에게 개원식 기도를 부탁했다.

이어 정부의장 선거에서 이승만은 압도적 지지로 국회의장에 선출되었다. 부의장에는 신익희와 김동성이 선출되었다. 국회의장에 선출된 이승만은 이 국회가 1919년 3·1운동 직후에 서울에서 세워진 한성 임시정부의 법통을 계승한 것이라고 강조했다. 그것은 그가 한성 임시정부의 최고위직인 집정관 총재로 선임되었던 사실을 상기시키기 위한 것이었고, 전민족의 대표적 자주정부임을 강조하기 위한 것이었다.

이승만은 정부 수립을 서둘렀다. 9월에 파리에서 열리는 UN 총회에서 승인을 받아야 했기 때문이었다. 국회는 서상일을 위원장으로 하는 30명의 의원으로 '헌법 및 정부조직법 기초위원회'를 구성해 헌법 초안을 마련하기 시작했다. 국호에 대한 논란은 6월 9일 표결에서 '대한민국(大韓民國)'으로 결정되었다.

한민당 세력이 우세한 헌법기초위원회는 정치적 민주주의와 경제적 사회민주주의와의 조화를 내세우며 권력 구조를 내각책임제로 주장했지만, 이승만의 강력한 주장으로 헌법기초위원회는 미국식의 대통령중심제로 결정했다.

미국에서 공부하고, 미국식 정치제도에 익숙한 이승만이 대통령제를 선호한 것은 당연한 결과였다. 6월 21일, 이승만은 헌법기초위원회를 방문하여 연설을 했다.

"우리가 국권을 찾기 위해 40년 동안이나 싸워온 것은 백성에게 권리를 주자는 것이며, 정당에 권리를 주어서는 정당끼리 싸우느라 나라 경영은 하기 어렵다. 만일 이 초안이 국회에서 그대로 통과된다면 나는 그러한 헌법 아래서는 어떠한 지위에도 임하지 않고 민간에 남아 국민운동이나 하겠다."

헌법 초안은 국회 본회의로 넘겨져 7월 17일에 공포되었다. 건국헌법은 대통령과 부통령을 국회가 선출하도록 되어 있었다. 7월 20일, 대통령과 부통령을 선출하는 선거를 실시했다. 대통령 선거를 앞두고 미군정은 자신들이 제어하기 힘든 이승만 대신에 다른 인물이 대통령으로 선출되도록 공작을 계획했지만 뜻대로 되지 않았다.

196명의 출석의원 가운데서 180표의 압도적 지지를 얻은 이승만이 당선되었다. 부통령에는 상하이 임시정부에서 활동한 이시영이 당선되었다.

1945년 해방 후 격동의 3년, 남한의 모든 정치 지도자들 가운데 정치노선이 시종일관 동일한 지도자는 좌우를 막론하고 이승만 단 한 명뿐이었다. 이승만은 귀국하면서부터 민족의 대동단결, 자주적인 정부수립, 남한의 공산화 방지를 주장해왔다. 미국 정부와 남한 내 정치 세력들은 입장을 바꾸어가며 이승만의 노선과 협조하기도 하고 대립하기도 했다.

건국기념일이 된
1948년 8월 15일

1948년 7월 24일, 중앙청 광장에서 73세의 이승만은 대통령에 취임했다.

"새 나라 건설에는 새 백성이 있어야 하므로 우리 민족은 예전의 부패한 백성의 습관을 버리고 새로운 정신으로 새 길을 찾아야만, 잃어버린 40년의 세월을 회복해서 세계문명국들과 경쟁할 수 있게 될 것입니다."

정부수립 선포식을 8월 15일로 정해 놓았다. 때문에 이승만은 내각 구성을 서둘렀다. 1948년에 수립된 대한민국 정부는 통일정부가 아니고 남한에서 세워진 단독정부였다. 이승만으로서는 절반의 정부라는 약점, 그리고 임시정부의 정통성을 계승해야 하는 두 가지 과제가 있었다.

임정을 대표하는 이시영이 부통령에 당선된 상황에서 이승만은 내각의 수장인 국무총리에 이윤영을 지목했다. 이윤영은 월남한 목사 출신 정치인으로 북한 지역의 대표성을 상징하는 인물이어서 총리로서 적임이라고 생각했지만, 국회에서 인준을 받지 못했다.

이승만은 광복군 출신이며 청산리 전투의 지휘자였던 이범석을 다시 추천했다. 그는 정치적 영향력은 크지 않았지만, 국민들의 신망을 받고 있었다. 1948년 8월 2일, 국회는 이범석을 총리로 인준했다.

이후 법무에 이인, 재무에 김도연, 농림에 조봉암, 교통에 민희식 등을 시작으로 윤치영, 장택상, 임영신, 안호상 등의 내각명단이 발표되었다.

내각 발표와 함께 곳곳에서 비판이 터져 나왔다. 이승만의 대통령 당선에 큰 역할을 한 한민당의 반발이 컸다. 제헌헌법 제정과정에서 내각책임제를 양보하고 대통령제를 받아들인 한민당은 총리에 김성수를 추천하고 내각에 당내 인사를 입각시켜 내각책임제에 버금가는 조각이 되길 바라고 있었다.

하지만 초대 내각에는 사실상 한민당이 배제된 내각 인선이었다. 이승만은 해방정국에서 지원과 협조를 해오던 한민당과 거리를 두기 시작했다. 또한 농지개혁을 통해 지주들의 힘을 약화시켰다.

초대 대통령 이승만의 정부수립 선포와 함께 대한민국 정부가 공식출범했다. 그것은 왕정이 끝나고 민주공화정이 시작되는 역사적인 순간이기도 했다. 해방 이후 만 3년, 좌우익의 갈등과 혼란을 넘어 외세통치의 역사에 종지부를 찍고 드디어 국권을 되찾게 되었다.

친일파 청산
반민족행위처벌법

해방 후 대다수 국민들이 바란 것은 일제 강점기의 친일 행위자에 대한 처벌이었다. 그런데 미군정 시기에 군정청은 국가 관리에 필요한 최소한의 인재가 부족하다는 이유로 친일파 처리를 미뤄왔었다.

제헌 헌법에도 당시의 민심이 그대로 반영되어 있듯이 친일파 청산은 피할 수 없는 민족의 숙원사업이었다.

"국회는 1945년 8월 15일 이전의 악질적인 반민족행위를 처벌하는 특별법을 제정할 수 있다."

국회는 '반민족행위처벌법(반민법) 기초특별위원회'의 구성을 발의하고 통과시켰다. 그런데 반민법 심의가 한창 진행 중이던 때 대통령 이승만은 담화를 발표했다.

"건국 초기에 해야 할 일이 산적해 있습니다. 때문에 대대적인 검거보다는 꼭 필요한 경우만 선별해서 처리합시다."

국민들이 의아해 한 것은 당연한 일이었다. 누구보다 반일주의자였고, 독립운동 당시 일본이라면 치를 떨던 이승만이 친일파 청산에 적극적으로 나서지 않는다는 것이 이해가 되지 않았다.

이승만이 당시에 친일파 청산에 적극적이지 못했던 이유는 인재 부족 탓이었다. 해방 직후 남한의 문맹률은 약 78%였다. 신생국가를 건설하는 데 할 일은 많고 인재는 더 많이 필요했다. 그래서 이승만은 친일파 처벌에 대해 신중하자는 입장을 표명해왔다.

'일본에게 식민지배를 당한 것은 백성들 때문이 아니야. 나라를 잘못 다스린 임금과 조정의 잘못이야. 나라가 망해 백성들이 다른 나라의 총칼 아래 놓였는데 누구라도 약해질 수밖에 없지.

적극적으로 일제에 저항하지 않았다고, 일제의 요구에 일부 협조를 했다고 해서 무조건 죄를 묻는 것은 옳지 않아.'

어쩔 수 없는 백성들의 사정을 감안해야 한다는 것이었다. 그리고 국가 발전을 목표로 하기보다는 계급간의 투쟁과 갈등을 야기하는 공산주의를 청산하는 것이 국익을 최우선으로 하는 것이 대통령으로서 더 시급한 일이라고 생각했다.

따라서 좌익 세력 척결 및 공산주의 청산이라는 과제는 정부 수립 이후에도 마찬가지로 최우선 과제가 되었다. 하지만 국민 정서상 친일파 처벌을 이승만의 바람처럼 그대로 넘길 수는 없었다.

국회는 서둘러 '반민족행위처벌법'을 제정하고 그에 따라 해방 이전의 친일 행위를 처벌하기 위한 '반민족행위특별조사위원회(반민특위)'를 구성했다. 특별재판관과 특별검찰관까지 임명되었다. 이렇게 친일 행위를 문제 삼게 되면 앞으로 활용할 인재가 더욱 적어질 것을 대통령 이승만은 우려했다.

1949년 초 일제강점기에 고등계 형사로 일하며 수많은 독립군을 잡아 가두고 고문을 자행한 노덕술이 체포되었다. 이 일로 국회 반민특위와 대통령 이승만의 대립은 극명하게 드러났다.

공산주의자들의 혁명 운동으로 치안이 불안한 상황에서 경험있는 경찰관을 체포하는 것은 현명하지 못하다고 여겨 이승만은 노덕술의 석방을 요구했다. 그리고 경찰도 반격에 나서 반민특위에 소속된 특경대를 습격했다.

그러는 와중에 친일파를 잡는 반민특위도 흠 잡힐 일이 벌어졌다. 반민특위 부위원장인 김상돈 의원이 일제 때 친일 행위를 한 것도 모자라 최근에는 자동차 사고로 사람을 죽게 한 일을 은폐한 사실이 드러난 것이었다.

1949년 4월, 반민특위를 지지하는 김약수, 이문원, 노일환 등 10명의 국회의원들이 간첩 혐의로 체포되는 '국회 프락치 사건'까지 일어나면서 국회는 서둘러 반민특위의 활동을 끝내고 말았다.

당시 친일 혐의로 체포된 사람은 682명에 이르렀고, 그 가운데서 221명이 기소되는 성과가 있었다. 그러나 재판에서는 단지 7명만이 유죄 판결을 받았다. 결국 친일파들은 기득권을 유지했고 그 영향은 지금까지도 이어지고 있다.

서로 다른 길,
북한 상황

인민정권으로 출범한 북조선임시인민위원회는 공산주의 혁명의 첫걸음으로 1946년 3월 5일에 토지개혁 법령을 발표했다. 토지를 경작하지 않는 지주들의 토지 소유를 금지하고, 토지를 경작하는 사람에게 경작권을 주는 토지이용권을 선언했다.

5정보(약 5만㎡)를 넘는 지주의 토지는 몰수되어 농민에게 무상으로 분배되었다. 하지만 소유권은 국가에 있고, 매매·소작·저당이 금지되고 경작권만 주어졌다.

토지개혁이라는 이름으로 진행된 사회혁명은 불과 26일 만에 끝이 났다. 하지만 토지개혁에 따른 부작용은 심각했다. 하루 아침에 땅을 빼앗긴 농민들 가운데 자살하는 사람들도 있었고, 공산당 건물에 수류탄을 던지거나, 소련군 막사를 공격하기도 했다. 이러한 반발은 지주들이 많은 황해도와 평안도의 평야 지역에서 심했다.

토지개혁으로 북한 사회의 기성 엘리트층이 급격히 감소되었다. 1946년 9월에 김일성 종합대학과 7개의 전문학교를 설립했을 때 이공계와 기술계 지원자들이 절대적으로 부족했고, 교수진도 부족했다. 공산혁명에 따른 인재 희생은 북한 사회의 발전을 가로막는 요인이 되었다.

다른 한편에서 토지개혁은 빈농과 고농들의 공산정권에 대한 지지를 끌어냈다. 하지만, 수확량의 25%를 농업현물세로 국가에 바치게 했는데, 이것마저도 실제로 60~70%를 넘는 경우가 많았다.

또한 북조선임시인민위원회는 산업, 교통, 운수, 체신, 은행 등을 국유화하는 법령을 제정했다. 산업국유화로 1천 개가 넘는 산업체가 몰수되어 국유화되었다. 국유화한다는 것은 그것을 수행할 정부가 이미 북한에 들어섰다는 점을 증거하고 있었다.

북조선임시인민위원회는 정당과 사회단체들을 하나로 묶어 북민전(북조선민주주의민족통일전선위원회)을 조직하여 좌익 세력들을 결집했다. 김일성의 북조선공산당과 김두봉의 조선신민당을 통합하여 1946년 8월에 북조선노동당(북로당)을 결성했다.

1946년 7월에는 초급간부(소대장)를 양성하기 위해 평양학원의 군사반을 독립시켜 보안간부학교를 세웠다. 8월에는 주민을 통제하기 위해 18세 이상의 남녀에게 공민증을 발급했다.

1947년 12월 1일에는 화폐를 통일할 '화폐교환사업'이 진행되었는데, 그 결과 북한은 남한과는 완전히 다른 경제체제를 갖게 되고, 그에 따라 남북한 통일정부의 수립은 사실상 불가능하게 되었다.

소련은 북조선인민위원회에 이권을 요구하기도 했는데, 그 대표적인 경우가 1947년 3월의 '조·소석유주식회사 창립 협정서'의 체결이다. 북한은 소련과 공동으로 원산에서 석유가공품을 생산하면서 50%의 주식을 소련에 무상으로 주었다. 소련이 북조선의 산업 및 운수기관을 복구하는 데 지출한 비용을 보상해 준다는 이유였다. 그리고 '조·소해운주식회사 창립에 관한 협정서'의 체결에 의해 청진, 나진, 웅기항을 소련에게 30년 동안 임대료 없이 빌려 주었다.

1948년 2월 8일, 북조선인민위원회는 창립 2주년을 기념하면서 조선인민군의 창설을 발표했다. 북한은 정부수립이 공식적으로 선포되기 전에 정규군의 창설을 먼저 발표하는 모순을 드러냈다.

1948년 2월 10일에는 북조선인민회의가 조선민주주의인민공화국 임시헌법초안을 발표했다. 인민군 창설과 헌법 제정 역시 이미 국가가 세워졌다는 증거라고 볼 수 있다.

김일성 정권이 안정을 찾으면서 주민통제의 임무는 점차 소련군으로부터 북한 공산주의자들의 손으로 넘어갔다. 그 최초의 주민 통제 기구가 1946년 2월 북조선임시인민위원회 산하에 설치된 보안국(내무국)이었다. 북한 헌법은 소련의 '사회적 위험행위'와 '사회적 방위처분'이란 애매모호한 개념을 도입해 달갑지 않은 국민을 마음대로 처벌했다. 검사와 판사는 인민 선거로 뽑히고 참심원(배심원)들과 함께 인민재판을 했다.

김화식 목사를 중심으로 기독교자유당을 창당하려 했던 기독교인들이 1947년 6월에 체포되어 처형되었다. 김기전 중심의

천도교인들도 공산체제에 맞서려고 했다. 그러나 그들은 청우당 위원장인 김달현의 밀고로 체포되거나 학살되었다.

사회통제에 자신감을 얻은 김일성은 김구, 이승만의 반동들과는 통일전선을 형성하지 않겠다고 공언함으로써 남한과의 모든 타협을 거부했고, 그렇게 북한과 남한은 서로 다른 길을 가게 되었다.

이승만의
농지개혁

이승만이 대통령이 되고 나서, 북한의 토지개혁으로 빈농들의 민심이 흔들리고 있었다. 가난한 소작농이었던 이들에게 북한의 토지개혁은 꿈같은 이야기였기 때문이었다. 그래서 이승만은 남한에서도 농지개혁이 가장 시급하다고 생각했다. 당시 인구의 73%가 농민이었고, 그 가운데 절반이 소작농이었기 때문이었다.

이승만은 농지개혁을 추진했고, 1949년 6월에 농지개혁법이 통과되었다. 하지만 농지개혁법을 실제로 이행하는 데는 많은 어려움이 있었다. 우선 한국민주당을 비롯한 국회의원의 대다수가 지주 세력이었기 때문에 농민들의 저항이 거셌다. 결국 농지개혁법은 1950년 6·25 전쟁 3개월 전에 겨우 확정되었다.

농지개혁법은 이렇다. 농지를 분배받은 농민은 매년 생산의 3분의 1을 토지대금으로 3년 동안 정부에게 납부해야 했다. 그러면 정부가 그 액수에 해당하는 지가 증권을 이전의 지주에게 지급했다.

남한의 이러한 유상매상과 유상분배는 북한의 무상몰수, 무상분배와는 다르게 진행되었다. 개인의 재산을 정부가 몰수하지 않는 방법을 선택한 것이었다.

또한 북한의 경우 농지를 분배한 다음 곧바로 수확량의 25%를 현물세로 납부하는 제도였기에 농지를 경작하여 이용하는 한, 계속해서 현물세를 지급해야했다. 농부 입장에서 보면, 북한의 토지개혁보다 남한의 농지개혁이 더 매력적인 제도였다.

농지개혁은 6·25 남침으로 시작한지 몇 달이 안 돼 중단되었다. 하지만 농지개혁의 심리 효과는 아주 컸다. 이승만은 농민들에게 농지개혁이 얼마만큼의 큰 의미가 있는지 설명했다. 개혁의 이행도 대통령의 행정 명령으로 급속도로 진행했다. 전쟁 때문에 3개월 정도의 시간밖에 없었지만, 전국의 농민들에게 적용했다. 농민들은 농지개혁 후 본인들이 어떤 농지를 분배받게 될 수 있는지 면사무소에서 확인할 수 있었다.

이러한 심리적 효과는 북한이 남한을 정복하러 내려왔을 때, 북한이 자랑하는 토지개혁에 농민들이 큰 관심을 두지 않았다. 그렇게 농지개혁은 민심이 북한으로 넘어가지 않게 한 결정적인 사건이었다고 볼 수 있었다.

"남한에서는 우리들의 땅이 생기고, 충분한 소유의식을 가질 수 있는데, 북한에서는 소유권은 없고 계속하여 현물세를 지급해야 하잖아. 북한의 토지개혁은 매력적이지 않아."

이승만의 농지개혁이야말로 이승만이 공산주의 본질의 한계를 넘어 북한과는 다른 사회를 지향한다는 것을 보여주는 중요한 사건이었다.

이승만은 분배의 필요성은 사유재산을 지키면서 원칙과 시스템을 통해 이룰 수 있다는 것을 보여줬다. 이것이야말로 공산주의로부터 대한민국을 지킬 수 있었던 공산주의에 대한 분노 그 자체라고 할 수 있는 것이다.

국회 제1회 정기회의 폐회식 치사(致辭)
국회 연설문(1949.5.3)

금반(今般) 의회에 있어 여러분께서 큰 성과를 거둔 것을 먼저 치사하는 바이다. 그동안 입법부와 행정부 사이에 다소 알력이 있었던 것도 민주 정치를 하여 나가는 데에는 있을 수 있는 일이라 할 것이다. 물론 사상을 달리하여 사태가 여하히 되든지 오불관(吾不關)이라는 태도라면 모르지만, 얼마 동안 서로 싸우다가 최후에 가서는 법적으로 모든 일을 잘 해결하여 나감은 반가운 일이라 할 것이다.

금반 회기 중에 여러분이 제시한 농지개혁법(農地改革法)은 특히 민중의 대환영을 받을 것이다. 본 농지개혁법에 대하여는 지주들에게 과히 억울하지 않도록 하여야 할 것인데, 내가 본 바로는 그리 치우침이 없이 잘 되었다고 생각되는 바이다.

그리고 미국의 원조물자에 대하여는 민주진영을 위해서 싸우는 나라에 주는 것인 바, 이에 대하여는 앞으로 국회의 형식적인 동의를 필요로 할 것인즉, 유의하여 주기를 바란다.

우리는 만일 공산화된다면 남의 구속을 받을 것인즉, 우리는 차라리 죽는 한이 있더라도 공산주의를 면하여야 할 것이다. 이 세상은 공산과 민주 양진영이 공존할 수는 없는 것이며, 미국 친구들도 말하기를 둘 중에 하나는 죽어야만 세계가 평화롭게 될 것이라고 하고 있다. 그러므로 조만간 승패를 규정하게 될 것이다. 우리도 이 공산주의 진영과 투쟁하여 민주진영을 만들어 독립 국가로 출발하게 될 것인 바, 여러분도 한마음 한뜻으로 굳게 단결하여 민주국의 발전을 기(期) 하도록 노력하여 주시기 바란다.

제4부

미국에 대한 분노

한미공동방위 군사협정 체결 무산, 그리고 6·25전쟁

이승만은 해방 후 미국과 대립하다가 트루먼 선언 이후 미국이 반공노선을 취한 뒤엔 협력하며 지내는 것처럼 보였다. 하지만 이승만은 한국의 이익을 위해 당시 가장 강력한 미국과 대립하게 되었다.

1949년 2월에 케네스 로얄 육군 장관이 한국을 방문하자, 이승만은 국군 증강을 위해 무기와 장비를 지원해달라고 요청했다.

미군 철수가 현실로 다가오자, 이승만은 미국에 특사로 조병옥을 파견하고, 미국 정부에 한미상호방위 군사협정 체결을 요구하라고 지시했다. 조병옥은 딘 애치슨 국무장관을 만난 자리에서 군함과 비행기, 무기와 탄약을 요구했다.

그리고 이승만은 1949년 5월에 트루먼 대통령에게 서한을 보냈다.

"북한의 남침에 대비한 남한의 방위가 필요합니다. 한미공동방위 군사협정 체결을 요구합니다."

하지만 여러 가지 이유로 이승만의 무기 지원 요구는 묵살당했다. 그동안 북한의 남침 위협은 점점 커져 가고, 1949년 6월 미군은 완전히 철수했다.

그러는 가운데 1950년 1월 12일에 딘 애치슨 미 국무장관은 기자회견을 했다.

"대한민국과 대만은 미국의 아시아 방위선 밖에 있습니다."

애치슨의 발언은 한국이 침략을 받을 경우에 어떤 도움도 없을 것이라고 해석될 수 있었다. 그래서 이승만은 더 강한 목소리로 북한의 남침 위협을 미국에 경고했고, 유엔한국위원단은 마지못해 군사사찰단을 파견했지만 소용없었다. 그리고 미국 측에서는 1950년 6월 1일에 '앞으로 5년간은 전쟁이 없을 것'이라는 답변을 보내왔다.

하지만, 미국의 예측과 달리 북한은 1950년 6월 25일 일요일 새벽 4시를 기해 남침했다. 북한인민군 총 병력 11만 1천 명과 1,610문의 각종 포, 그리고 280여 대의 전차 및 자주포 등을 가지고 일제히 38선 이남으로 침공했다.

당시 남한의 무기와 병력이라는 것은 북한에 비하면 형편없는 수준이었다. 공격용 무기가 없던 한국군은 잘 무장된 북한군의 적수가 되지 못했다. 그 결과 이틀 만에 의정부가 함락됐고, 27일 저녁 무렵에는 북한군 전차가 미아리 앞까지 진군했다.

이승만 대통령은 도쿄의 맥아더 사령관에게 전화를 걸었다. 새벽에 전화를 받은 맥아더 전속부관은 맥아더 사령관이 잠자리에 들어 전화를 연결할 수 없다고 전했다.

이승만은 맥아더 사령관과 전화 연결이 안 되면 한국에 있는 미국인을 한 사람씩 죽이겠다고 협박하자, 전속부관이 놀라 맥아더 사령관을 깨웠다. 이승만은 북한이 침공해온 것을 알리고 이러한 사태가 일어난 데에는 미국도 책임이 있다며 항의했다.

맥아더와 전화를 마치고 이승만은 미국 정부에 긴급원조를 요청했다. 그리고 시민들의 동요가 커지는 것을 막기 위해 정부에서는 '침략군을 몰아내고 있다'는 거짓 방송을 했다. 소련제 전폭기들이 하늘에서 포격을 해오는 상황에서 어쩔 수 없는 선택이었다.

27일 새벽 1시경 군정청 경무부장 조병옥과 서울시경 국장 김태선은 대통령 이승만에게 피난할 것을 요청했다. 전시에서 국가원수까지 포로가 되는 상황을 막으려 했던 것이었다.

이승만은 6월 27일 새벽 4시에 서울역에서 남쪽으로 향하는 특별열차에 탑승했다. 그러나 대구까지 내려갔을 때 기차를 되돌려 대전역으로 다시 올라왔다.

6월 27일 밤, 대전에서 이승만은 주한미국대사 무초로부터 미군이 참전하기로 했다는 소식을 들었다. 이승만은 기쁜 소식을 어서 국민에게 알리기 위해 서울 중앙방송국에 전화를 걸어 녹음을 했다.

방송은 밤 9시부터 나갈 수 있었는데 6월 28일 새벽 2시 30분쯤 방송국이 북한군에게 점령당하고 말았다. 같은 시각 한강대교는 폭파되어 서울 시민들이 피난하기 급급했다.

낙동강 전투와
인천상륙작전

전쟁 사흘 만인 6월 27일에 미국의 트루먼 대통령은 일본에 있는 맥아더 장군에게 한국을 도우라는 명령을 내렸다. 맥아더가 7월 1일 대대규모의 선발대를 부산에 우선 상륙시켰다.

이 선발대는 열차로 이동해서 경기도 오산의 죽미령 고개에 배치되었는데, 첫 전투에서 미군 500여 명 가운데 200명이 희생되고 말았다. 이런 식으로 한국군과 미군은 북한군에게 계속 밀려 7월 20일에는 대전을 빼앗기고, 급기야 8월 1일에 이르러 한국군과 유엔군은 낙동강까지 밀려났다.

이후로 한 달 반 동안 낙동강을 사이에 두고 피비린내 나는 전투가 벌어졌다. 한국군과 유엔군은 왜관, 다부동, 영천 지구 전투에서 끝까지 버텨 대구를 지켜냈다. 또한 북한인민군 6사단은 진주에서 부산을 향해 공격해 들어왔고, 유엔군은 마산에서 이를 저지했다.

그동안 유엔군이 창설되어 맥아더가 사령관에 임명되었다. 7월 12일에 이승만 대통령은 전쟁을 효율적으로 수행하기 위해 한국군의 작전권을 유엔군에게 맡기는 '대전협정'을 체결했다.

대전협정은 임시수도 대전에서 서한교환형식으로 주한미군의 지위 및 재판관할권에 관해 체결된 한국과 미국 간의 협정으로 정식 명칭은 '재한미국군대의 관할권에 관한 대한민국과 미 합중국 간의 협정'이다.

맥아더는 전세를 획기적으로 바꾸기 위해 9월 15일 새벽에 261척의 대규모 함대와 총병력 7만여 명으로 구성된 지상군 부대를 통합 지휘하여 '인천상륙작전'을 실시했다.

9월 28일, 진격을 거듭한 국군과 유엔군은 서울을 되찾았다. 국군과 유엔군은 이 기세로 북진을 계속해 9월 말에는 38선까지 도달했다. 미국 정부는 맥아더에게 38선을 넘지 말고 유엔의 결정을 기다리라는 명령을 내렸다.

미국에 알리지 않은 국군의 38선 돌파 명령

피난을 떠나 경남도청에 있었던 이승만 대통령은 서울을 떠난 지 삼 개월 만에 경무대로 복귀했다. 9월 29일에는 중앙청에서 기념식을 갖고 서울을 수복하는 데 결정적인 공을 세운 맥아더 장군과 유엔장병들에게 감사 인사를 전했다.

다음날인 9월 30일, 대통령 이승만은 육군참모총장과 참모진들을 소집했다.

"국군이 38선에 도달을 했으면서도 왜 북진을 하지 않은 것입니까?"

이승만은 전쟁이 나자마자 이 전쟁이 북진통일을 할 기회라고 생각했던 것이었다. 그리고 서울을 수복하고 국군의 사기가 오를 대로 오른 이때가 한반도를 통일할 절호의 시기라고 생각한 것이었다.

이승만 대통령은 전군에 38선 돌파 명령을 내렸다. 1950년 10월 1일, 사기가 충천한 한국군 3사단이 주문진에서 38선을 넘어 양양으로 진격했다. 10월 7일에는 유엔군도 38선을 넘었다. 북한군은 무너지기 일보 직전인 상태였기 때문에 국군과 유엔군의 진격 속도가 빨랐다.

10월 10일, 빠른 진격 속도로 한국군이 원산을 점령했다. 이승만은 10월 12일에 위험을 무릅쓰고 원산을 방문했다. 10월 19일에 평양이 수복되자, 이승만은 10월 29일에 미국 상원의원 놀랜드와 함께 평양도 방문했다. 이승만은 이곳에서 군중 연설을 했다.

"여러분, 평양 이 지역에서도 도지사와 국회의원을 뽑는 선거를 실시하겠습니다."

한국군과 유엔군은 북쪽으로 계속 공격하여 국군 6사단 7연대가 압록강에 이르렀고 동부전선에서는 함경도까지 도달했다. 통일이 눈앞에 있었다. 그러나 갑자기 어마어마한 규모의 중공군이 인해전술로 밀고 내려오는 바람에 국군과 유엔군은 후퇴할 수밖에 없었다. 결국 12월 4일에는 평양을 내주고, 1951년 1월 4일에는 다시 서울까지 내주고 말았다.

그러나 한국군과 유엔군은 끝까지 반격해서 3월 15일에 서울을 재탈환했고, 3월 말에는 38선까지 밀고 올라갔다.

평양 동포에 고함
평양 연설(1950.10.30)

나의 사랑하는 동포여러분!

만고풍상을 겪고 39년 만에 처음으로 대동강을 건너 평양성에 들어와서 사모하는 동포 여러분을 만날 적에 나의 마음속에 있는 감상을 목이 막혀서 말하기 어렵습니다. 40년 동안 왜정 밑에서 어떻게 지옥생활을 하였던가를 생각하면 눈물이 가득합니다.

제2차 세계대전이 일어난 결과로 적국은 다 물러가고 해방된 뒤에 자유를 찾아서 우리가 민국정부를 세우고 평화한 생활을 희망하여 왔던 것인데, 운수가 불길하였든지 소련이 세계를 정복하려는 강권주의를 가지고 공산당을 펴 놓아 세계 모든 민주국가를 타도시키려고 했고, 또 우리나라에 와서는 38선이라는 조리도 없고 이유도 없는 철막을 만들어서 4천여 년 조상 때부터 피를 흘려서 싸워내려 온 신성한 유업인 우리 삼천리 강토의 중간을 끊어 놓았던 것입니다.

이남 사람들은 운수가 좋았던지 정부 밑에서 해방되어 자유를 누릴 수 있었으나 이북 동포들은 공산당 압제하에 살 수가 없어서 집과 재산을 다 버리고 이남으로 넘어와서 수백만 이상에 달하는 남녀노소가 도로에서 방황할 적에 별로 여유가 없는 우리로서 마음껏 돕지는 못했으나 있는 것은 서로 나누어 쓰고 나누어 먹었던 것입니다.

그렇게 어려운 생활을 하면서도 공산당과 싸우며 민주정체를 세우고 보호하려고 한 대부분이 이북 청년 남녀들이었고 이남 방방곡곡에 다니며 계몽운동을 한 것이 즉 이북동포들입니다. 우리뿐만 아니라 세계 모든 나라 사람들이 공산화에 종용(慫慂)히 지낼 수가 없고 미국 같은 나라에서도 견디다 못해서 법률을 만들어 이 공산화를 방지하기로 된 것입니다. (중략)

이북동포 여러분!

나와 같이 결심합시다. 공산당이 어데서 들어오든지 그것이 소련이건 중공이건 들어 오려면 들어오너라, 우리는 죽기로 싸워서 물리치며 이 땅에서는 발붙이고 살지 못할 것을 세계에 선언합니다.

과거에 모르고 공산당의 꾀임에 빠져 들어간 자들은 다 회개하고 우리 조상의 유업인 이 강토를 우리끼리 보전해야 할 것이니 회개하고 돌아서는 자는 포용하고 용서하여 포섭할 것이고 살인방화한 자는 일일이 적발해서 재판으로 징치(懲治)할 것이나 국가와 민족을 배반하고 남의 나라에 붙이고자 하는 자는 우리가 결코 포용치 않을 것입니다.

여러분 부지런히 일하시오. 이남이나 이북이나 다 똑같이 하자는 것이 정부의 의도이니 이간하는 말이나 꾀임에 빠지지 말고 한 혈족으로 나갑시다. 우리 뒤에 유엔과 미국이 앉아서 민주정부와 자유국을 후원하고 있으니 한 덩어리가 되어 이 전무한 기회에 전무한 국가를 만듭시다.

기회 있는 대로 나를 청하시오. 내가 오리다. 이야기하고 싶은 말이 많으나 여기서 다 할 수 없고 오직 부탁하는 것은 한데 뭉칩시다. 살아도 같이 살고 죽어도 같이 죽는 부여족속의 한 혈족으로 조금도 우려 없이 서로 사랑하며 서로 도우며 뭉치시오.

(국방부 군사편찬연구소 책임연구원 남정옥 박사가 발굴 소장한 이승만 대통령의 연설 가운데 일부)

미국의 휴전 제안을
거부하다

압록강까지 밀고 갔던 전쟁은 중공군이 개입하면서 길어지고 있었다. 전쟁이 일어나고 1년이 지난 1951년 7월 10일, 개성에서 첫 휴전 예비회담이 열렸다. 유엔의 소련 대표 말리크가 정전협상을 제의하고, 중국과 북한과 미국이 이를 수락했다.

이승만이 예상했던 일이지만, 휴전협상은 이승만의 생각과는 다르게 진행되었다. 분위기는 전쟁이 일어나기 전 38도선을 경계로 남과 북이 갈라져 있던 상태로 되돌아가려는 듯했다. 이승만은 이들의 휴전협상에 강력하게 반대했다.

"통일 없는 휴전은 있을 수 없습니다."

이승만은 이번 기회에 북진통일을 이루지 못하면 또 다른 통일의 기회란 없을 것이라는 판단을 하고, 전 국민을 동원해 휴전반대 시위도 벌였다.

한국전쟁 내내 이승만은 '북진통일론'을 주장했다. 이승만은 이번 기회에 한반도가 통일되기를 원했다. 하지만 미국은 변화를 원하지 않았고 지금의 상황을 그대로 유지하며 남한에서의 미국의 영향력 또한 지속되기를 원했다.

그러기 위해서는 북한이 남한을 점령해서도, 남한이 북한을 점령해서도 안 되는 것이었다. 미국은 북한에 의해 남한이 점령당하지 않도록 하면서 남한에 계속적인 영향력을 발휘할 수 있도록 하는 것이 목표였다.

하지만 이승만은 모든 정전 제안을 거부했다. 1952년 6월 28일, 이승만은 전쟁의 승패가 결정되기 전에는 화평보다 죽음을 원한다는 강한 메시지를 미국에 전달했다.

"미국과의 협력을 계속하다간 우리도 또 하나의 자유중국이 되어버리든가, 그렇지 않으면 또다시 40년 전 한국의 모습으로 전락할 것이다. 우리가 어제의 적들에게 팔릴 바에야 차라리 한국이 통일될 때까지 전쟁을 계속할 것이다."

하지만 미국은 자신들의 이해관계에 따라 서둘러 한국전쟁을 끝내고 싶었다. 이즈음 판문점에서는 휴전협상이 1년 동안 난항을 거듭하다가 결렬 위기에 놓여 있었다.

당시 남한에는 3만 7천여 명의 포로가 있었다. 그중 절반이 넘는 2만 7천명은 북으로 송환되기를 거부하는 이른바 반공포로였다.

북한 측에서는 이들을 전원 송환하라고 요구했고, 유엔은 포로의 자유 의사에 맡기겠다는 입장이었다. 모든 포로를 송환하라고 고집하는 북한 측에 유엔은 반공포로들을 중립국인 인도군이 관리하게 맡기는 수정안을 제시했다.

이 수정안에 공산 진영이 받아들이면서 휴전은 확정되는 분위기였다. 하지만 이승만은 유엔군 측이 북한과 중공으로 다시 돌아가지 않으려는 반공포로들을 중립국송환위원회에 넘겨준 데 대해 분개했다.

반공포로들은 강압적인 분위기 때문에 자신들의 의사를 제대로 표시하기 어려울 뿐만 아니라 공산 측에게 설득과 협박을 당해 북한과 중공으로 끌려갈 위험이 컸기 때문이었다. 게다가 반공포로들을 관리할 중립국인 인도가 공산주의에 우호적이었던 것도 문제였다. 반공포로들은 북한으로 돌아가기 싫다며 집단적으로 여기저기서 충돌과 소요를 일으켰다.

하지만 제네바 협정상 포로는 스스로의 운명을 선택할 권리가 없었다. 이승만은 유엔이 제멋대로 휴전할 수 없다는 것을 보여주기 위해 헌병 총사령관 원용덕에게 비밀리에 반공포로 석방을 지시했다.

휴전 회담에
반공포로 석방으로 맞서다

1953년 6월 10일, 이승만은 백선엽 참모총장과 손원일 국방부장관, 원용덕 헌병총사령관, 이한림, 김용배 등 22명의 군 지휘관들을 소집했다.

이승만은 이들에게 휴전과 포로문제를 걱정하면서 반공포로 석방을 암시했다. 이승만은 백선엽을 따로 불러 원용덕을 도우라고 부탁했다. 반공포로 석방 문제는 간단하게 석방하면 해결되는 것이 아니었다. 어려운 국제 문제였다.

그 후 원용덕은 진헌식 내무부장관과 휴전회담 한국 대표 최덕신과 함께 공보실장 갈홍기를 찾아가 의논했다. 이 자리에서 진헌식이 제안을 했다.

"막사에서 철조망을 넘을 때까지는 원용덕 장군이 책임을 지고, 그 후 안내와 보호는 경찰이 책임을 져서 반공포로가 안전하게 석방되도록 합시다. 그리고 성명서 발표는 군 문제이니까, 원용덕 장군이 해주시오."

진헌식의 제안에 모두 동의했다. 이승만은 반공포로 석방에 대해서는 국방부장관이나 참모총장에게도 극비에 붙이게 하고 원용덕, 진현식, 갈홍기, 최덕신에게만 의논했고, 특히 원용덕에게 지시했다.

당시 한국헌병총사령부(헌총사)는 원용덕이 사령관으로 있었고, 육군의 편제에 없는 대통령 직속 특수부대였다. 그러나 포로수용소 경비는 육군 헌병사령부 소속 헌병이 미군과 같이 공동경비를 하며 미군의 명령을 받고 있었다. 그러므로 포로수용소 경비헌병에게 원용덕은 명령을 내릴 수가 없었다.

이들은 아무리 대통령의 지시라고 하지만 육군 지휘권이 유엔군 사령관에게 있어 단독으로 진행하는 것을 염려했다. 그래서 원용덕은 송효순 대령을 경무대로 데리고 가서 이승만과 함께 설득했다.

이렇게 하여 6월 16일 저녁에 원용덕은 헌총사 처장과 과장들을 동원하여 특별공문을 밀봉하여 직접 소지하고 각 수용소 경비헌병대장들에게 구체적인 내용이 적혀 있는 공문을 보냈다.

"포로석방에 대해서는 만전을 기하라! 6월 18일 자정을 기해 각 포로수용소 철조망을 절단하고 새벽 2시 헌병들은 호주머니에 고춧가루와 모래를 넣어 두었다가 미군이 달려들면 미군의 얼굴에 그것을 뿌려 행동을 못하게 하라!"

이 명령에 의해 전국 포로수용소에서는 6월 18일 자정에 철조망을 끊기 시작했다. 국군 헌병들은 미군 헌병들에게 특별히 저녁에 파티를 열어주고 술을 권하여 만취시켜 정상적인 행동을 못하게 했다. 그리고 폭동이 예상된다면서 국군 경비헌병들에게 비상을 걸고 전원 내무반에 대기시켰다.

각 수용소 대대장과 중대장, 소대장들은 밤 12시가 되자 모든 준비를 끝냈다. 6월 18일 새벽 2시, 국군 헌병들은 감방 문을 열어 포로들을 나오게 한 후 포로들에게 수용소 탈출을 재촉했다.

"포로들은 즉시 철조망 구멍을 통해 도망쳐라! 밖에서 경찰과 민간인들이 기다리고 있을 것이다. 암호는 '살자-투사'다. 빨리 탈출하라!"

그리고 포로들을 모두 탈출시킨 후 국군 경비헌병들도 모두 도망쳐버렸다. 포로들이 밖으로 나오니 철조망 근처에서 사람들이 움직이는 것이 보였다. 철조망은 이미 끊어 놓아 포로들은 그 구멍을 통해 쉽게 빠져 나올 수 있었다.

포로들이 철조망을 빠져 나가자 경찰과 헌병과 민간인들이 기다리고 있다가 경찰서로 안내하여 도민증을 만들어주고, 즉시 민간인 집에 데리고 가서 민간복을 입히고 한 가족같이 숨겼다. 그리고 다음 날 민간인들은 가족으로 숨긴 포로들을 데리고 논으로 가서 모내기를 했다.

6월 18일 오전 8시, 이승만은 성명을 발표했다.

"내가 책임을 지고 인도주의적인 입장에서 반공포로를 오늘 석방시키라고 명령하였다. 그리고 포로는 누구든 자유의사에 따라 자신의 길을 선택할 권리가 있습니다."

미군사령관은 도망치고 있는 포로들을 잡아 다시 수용하라고 했지만, 포로수용소 막사가 텅텅 비어 미군들은 난감했다.

반공포로 석방은 전 세계의 이목을 주목시켰다. 〈타임 (TIME)〉지는 이승만을 표지인물로 선정했다. 반공포로 석방은 공산군 측을 분노했고, 휴전회담을 깨뜨릴 위험이 있기 때문에 미국 정부는 크게 우려했다. 아이젠하워 대통령은 강력한 어조로 비난했지만, 이승만도 물러서지 않았다.

"역사만이 나를 심판 할 수 있을 겁니다. 비록 우리의 행동이 자살행위가 될지라도… 그것은 우리의 특권입니다. 미국과 한국이 다른 길을 가야한다면 여기서 친구로서 헤어집시다."

미국의 반대에도
개헌 강행

전쟁이 휘몰아친 광풍 속에서 1952년 제2대 대통령 선거가 다가왔다. 국회의 구성 분포로 봤을 때 이승만이 국회에서 대통령으로 다시 선출되는 것은 쉽지 않은 분위기였다.

무초 미국 대사도 미국의 말을 잘 듣지 않는 이승만보다는 온건하고 영어에 능통한 장면 국무총리를 더 원했다. 그러나 이승만은 자신이 국민의 압도적 지지를 받고 있다고 믿었다.

1951년 4월의 지방의회 선거와 5월의 지방자치단체장 선거에서 이승만 지지자들이 승리한 것이 자신에 대한 국민들의 지지임을 입증하는 사실이라고 생각했기 때문이다.

이런 생각 때문에 이승만은 대통령 선거 방식을 '국회 간접선거'에서 '국민 직접선거'로 바꾸려고 했다. 그러나 1952년 1월, 국회는 이승만이 제출한 직선제 개헌안을 부결시키고, 대통령 중심제를 내각책임제로 바꾸려는 새로운 개헌안을 제출했다.

불리한 상황에 놓인 이승만은 국민의 지지를 이끌어내기 위해서 적극적인 행동을 취했다. 1952년 5월 25일, 공비가 나타난다는 이유로 임시수도 부산과 경상남도, 전라남북도 일대에 비상계엄령을 선포했다.

미국이 또 반대하고 나섰다. 육군 참모총장 이종찬도 군대의 정치적 중립을 이유로 계엄사령관을 거부했다. 이승만은 개인적으로 신뢰하고 있던 원용덕 헌병총사령관에게 계엄업무를 맡겼다.

원용덕의 헌병들은 국회의원 47명을 태운 출근버스를 헌총사로 끌고가 11명의 국회의원을 간첩 혐의로 구속했다. 이른바 '부산정치파동'이다. '부산정치파동'이란 1952년 대통령직선제 정부안과 내각책임제 국회안을 발췌 혼합한 개헌안을 국회에서 강제로 통과시킨 사건이다.

이 일로 이승만은 국내외 언론으로부터 혹독하게 비판받았다. 이승만은 그 사건을 통해 자신은 대통령 선출권을 국민에게 돌려주려는 것인데, 국회와 언론이 반대하고 있다는 사실을 국민에게 알리려 했다. 결국 이승만은 지지여론을 얻는 데 성공했다.

대한민국 건국 초기부터 국회와 내각제 개헌추진 등으로 갈등을 빚으면서 강력한 여당의 필요성을 절감한 이승만은 무당주의 원칙을 깨고 1951년 12월 23일에 자유당을 창당했다.

1952년 8월 5일, 국민이 직접 선출하는 제2대 대통령 선거가 실시되었다. 전쟁 중이라도 현직 대통령이 재집권하기 위해서는 선거를 치러야 할 만큼 민주주의가 기틀을 잡게 된 것이다.

유권자의 88%가 참여한 선거에서 자유당의 이승만은 74.6%의 지지를 얻어 3명의 후보를 제치고 당선되었다. 선거가 끝나고 우왕좌왕하던 상당수의 국회의원들이 이승만을 지지하면서 국내 정치상황은 안정되어 갔다.

미국의
이승만 제거 작전

1953년 7월 27일, 휴전협정이 체결되었다. 대한민국은 무참히 파괴된 전쟁의 폐허에서 회복하는 길만 남았다. 이승만이 그토록 원하던 자유 민주주의의 제도들도 이 땅에 하나씩 뿌리를 내렸다. 1954년 5월에 치른 제3대 국회의원 선거에서 이승만의 자유당은 과반수를 넘는 승리를 거두었다.

제2대 대통령 선거 3일 전, 미국이 이승만을 제거하기 위해 실행한 에버레디 계획은 이후 22년이 지난 1975년 8월 3일 〈뉴욕타임즈〉에 실린 기사에 의해 세상에 알려지게 되었다. 이승만의 정치고문이었던 로버트 올리버는 이 사건을 이렇게 서술했다.

"이 계획은 워싱턴 당국이 그 필요성에 따라 즉각 실행에 옮길 수 있는 하나의 예비 계획임을 알리고, 에버레디 작전이라는 암호명을 붙였다. 같은 문서에 따르면, 대통령 선거를 국회로부터 유권자인 국민에게 이양시키려는 정치파동 기간인 1952년 7월에도 이와 비슷한 계획이 이미 준비되어 있었다."

총격 사건 이후 이승만은 고의로 총을 쏜 경비원들의 신병인도를 요구했다고 한다. 이승만의 항의로 대책회의는 열렸지만, 결국 미국 정부는 신병인도를 거부했다.

한미동맹과 경제원조 약속,
그리고 휴전협정의 체결

미국의 34대 대통령으로 당선된 아이젠하워는 소모적인 전쟁을 원치 않는 미국 내 여론을 의식해 선거 공약으로 한국전 휴전을 내세웠다. 하지만 이승만은 여전히 통일을 주장하는 입장이었다.

이승만은 국군 단독으로라도 북진통일을 이루겠다고 미 국무성에 문서를 전달했다. 휴전 반대 분위기가 날이 갈수록 심각해지자 아이젠하워 대통령은 결국 이승만을 달래지 않고는 휴전할 수 없음을 알게 되었다.

그 때문에 아이젠하워 대통령은 한국에 동정적인 입장이던 로버트슨 국무부 차관보를 특사로 임명해 서울에 파견했다. 6월 25일부터 7월 11일까지 로버트슨은 이승만과 14차례에 걸쳐 회담을 하면서 이승만에게 휴전의 필요성을 설득했다.

회담기간 내내 이승만은 한국과 미국의 외교 역사를 들추며 로버트슨을 압박했다. 가쓰라-태프트 조약으로 미국이 조미수호조약을 어긴 사실, 애치슨 선언 때문에 북한의 침략을 불렀다는 사실 등을 내세우며 그를 몰아세웠다.

이승만은 협상동의 조건으로 한미동맹의 체결을 요구했다.

"빠른 기간 안에 '한미상호방위조약'으로 미군 2개 사단을 한반도에 주둔시키고, 국군 20개 사단의 무장에 필요한 군사 원조를 요구합니다. 그리고 장기간의 원조와 2억 달러의 부흥원조 제공 또한 조건으로 요구합니다."

휴전협정 체결이 시급했던 미국은 결국 이승만의 요구를 받아들였고, 미국과 이승만은 휴전 협약에 동의했다.

당시 휴전은 불가피한 것이었다. 하지만 휴전시위는 반공포로 석방 등을 활용하여 대한민국의 국익을 위해 미국과 협상에서 유리한 고지를 점할 수 있게 했다. 이승만의 외교 능력이 돋보이는 사례가 아닐 수 없다.

미국과 이승만의 휴전 협의 후 1953년 7월 27일, 유엔군 측은 판문점에서 공산군 측과 휴전협정서에 조인했다.

제5부

가난에 대한 분노

6·25전쟁 후 비참한 대한민국 경제상황

6·25전쟁 후 대한민국의 상황은 비참했다. 그 당시 유일한 삶의 목표는 배고픔에서 벗어나는 것이었다. 대한민국은 세계 160개국 중 158위의 최빈국으로 열악한 환경이었다.

해방으로 도약하려던 새로운 국가는 전쟁으로 잿더미가 되었다. 국민들은 살 곳을 잃고, 가족을 잃었으며, 배고픔에 지옥 같은 하루하루를 보냈다. 가난에 이어 위생상태도 심각한 상황이었다.

국민의 대다수가 기생충병에 시달렸으며, 전 국민의 80%가 회충을 갖고 있었다. 또한 전 국민의 78%는 본인의 이름조차 쓰지 못하는 문맹이었다.

이승만은 한미상호방위조약 체결을 통해 국방과 안보에 부담을 덜자 경제 개발에 집중할 수 있는 환경을 조성했다. 그리고 농지개혁을 통해 계층 간의 갈등을 최소화하려고 노력했다.

또한 교육을 강조하여 문맹을 퇴치하고 고급 인재를 육성하려고 많은 노력을 했다. 이렇게 이승만이 경제성장을 강조한 이유는 경제성장 없이는 진정한 민주주의가 도래할 수 없다고 생각했기 때문이었다.

미국의 저명한 고전주의 거시경제학자이자 하버드 대학교 경제학과 교수인 로버트 조지프 배로는 민주화를 위해서는 어느 수준까지 경제성장이 뒷받침돼야 한다고 주장한다. 경제성장을 통해 교육기회가 평등해지고 민주주의도 개선된다는 것이다.

반면 민주주의가 경제성장을 앞서갈 경우, 즉 어느 정도의 경제성장이 없는 상황에서 민주화를 요구하는 경우 민주주의가 지탱하기 힘들다고 한다. 실제 아프리카의 경우 민주주의를 1960년대에 도입했지만 경제성장이 이뤄지지 않았기 때문에 민주주의를 유지할 수 없었다는 것이다.

노련한 외교력으로
미국의 원조를 끌어내다

한강의 기적이라고 불리는 한국전쟁 이후 복구 상황은 무엇보다 미국으로부터 받아낸 31억 달러의 경제원조가 큰 역할을 했다. 이것은 누구보다 미국을 잘 알았고, 이것을 잘 활용할 줄 알았던 이승만이 대미외교에서 크게 힘을 발휘했기 때문이었다.

휴전회담이 끝난 지 1년 후인 1954년 7월 26일, 이승만은 아이젠하워 대통령의 초청으로 미국에 도착한다. 닉슨 부통령의 환영사가 끝나고 이승만이 마이크를 잡고 미국의 정책을 비판했다.

"미국 때문에 한국전쟁 당시 북진통일을 이루지 못했습니다."

다음날 오후 4시 30분, 미 의회에서 이승만은 또 다시 북진통일을 거론하며 미국을 압박했다. 원조를 받으러 온 약소국의 대통령이 의회연설에서 미국의 정책에 대해 거듭 비판하는 모습은 상상할 수도 없는 일이었다.

이승만은 반공 문제에 민감한 미국의 분위기를 잘 건드려서 추후에 있을 원조회담에서 유리한 고지를 차지하려는 고단수 외교 전략을 구사한 것이었다.

원조를 받으러 왔으면서도 저자세를 취하지 않고 상대의 약점을 파고들어 원조를 하지 않을 수 없도록 하는 외교술은 이승만이 젊은 시절부터 미국에서 배운 것이었다.

외교독립운동을 하면서 국무성과 백악관의 수많은 외교관들을 만나본 경험에서 나온 전략이었다. 이어진 정상회담에서 이승만과 아이젠하워 사이에는 팽팽한 신경전이 오갔지만 더 이상의 분쟁을 원치 않았던 미국은 1955년 한 해 동안 7억 달러의 군사 및 경제 원조를 약속했다.

핵 강국의 희망

대한민국의 핵에 대한 이승만의 바람은 6·25전쟁에서의 북진 통일에 대한 의지로부터 시작되었다. 미국은 6·25전쟁에서 불리한 전세를 역전시키려고 핵공격의 가능성을 항상 열어 두었다. 이는 소련 및 중국의 개입을 억제했지만, 자칫 미국의 핵공격이 3차 세계대전을 일으킬 것을 우려한 영국이 미국을 만류했다.

이승만은 전세가 불리하게 돌아감에도 트루먼이 원자폭탄 투하를 망설이고 있는 데에 강한 분노를 나타냈다. 이승만에게 핵폭탄은 '통일의 무기'로 생각되었다.

눈앞에 다가온 북진통일이 중공군의 개입으로 물거품이 된

1951년 초 겨울, 이승만은 트루먼의 핵무기 사용 표명에 대한 발표에 다시 북진통일에 대해 큰 기대를 하게 되었다. 6·25전쟁 당시 육해공군총사령관을 맡았던 정일권의 회고록에는 그 당시 통일에 대한 갈망과 공산주의에 대한 이승만의 분노가 핵과 관련되어 잘 묘사되어 있다.

"원폭이 가공스럽다는 것을 나도 잘 알고 있다. 또한 그 죄악스러운 점도 알고 있다. 그러나 침략을 일삼는 사악한 무리에 대해 사용할 때에는 오히려 인류의 평화를 지킨다는 점에서 이기가 될 수도 있다. 그래도 사용해선 안 된다면, 우선 나의 머리 위에 떨구어주기 바란다…… 우리 한국민이 사랑해 마지않는 이 아름답고 평화로운 산하의 어느 한 구석이라도 공산당 한 놈이라도 남겨둬서는 안 된다……."

결국에는 트루먼이 원폭 투하를 결정하지 않자, 이승만은 "왜 원자폭탄을 쓰지 않는가!"라며 분노했다. 이승만에게 여러 차례에 걸쳐 원폭 투하를 언급했던 맥아더는 정일권 참모총장에게 이승만 대통령에게 미안함을 전달해달라고 했다고 한다.

6·25전쟁이 끝난 후에는 이승만은 핵무기를 목적으로 핵을 개발한 북한과 달리 에너지 문제 해결이라는 평화적 목적에서

핵개발을 시작했다.

1955년, 스위스 제네바에서 열린 제1회 원자력평화이용국제회의(ICPUAE)에 한국은 3명의 대표를 파견했다.

1956년 2월 3일, 미국과 '한미원자력협정'을 체결하여 미국으로부터 원자력 기술원조를 받을 수 있는 기반을 마련했다.

1956년 3월에는 문교부 내에 원자력과가 신설되고 전문 인력을 키우기 위해 국비유학생을 대거 해외로 보냈다. 미국 아르곤 국립연구소 국제원자력학교에 유학한 최초의 한국 학생들은 처음에는 10명도 채 안 되었지만, 매년 증가해 3년 후에는 100여 명으로 늘었다.

한국은 1957년 미국이 국제원자력기구(IAEA)를 출범시킨 해에 IAEA에 가입했다. 1958년에 '원자력법'을 제정하고, 1959년 1월에는 원자력 정책을 집행할 기구인 '원자력원'을 만들었다.

서울대와 한양대에 원자력공학과가 설치된 것은 1959년이었다. 미국에서도 원자력공학과는 대학원 과정에만 있었지 학부에 설치된 곳은 한국이 세계 최초였다.

해외에서 원자력 신기술을 배워온 연구 유학생들은 귀국해서 원자력 발전에 매달렸고, 드디어 1959년 7월 14일에 국내 최초로 연구용 원자로인 '트리가 마크 2호' 건설이 시작되었다. 이승만은 기공식에 직접 참석해 원자로 건설의 첫 삽을 떴다. 이것이 한국 핵개발 역사의 출발점으로 간주된다.

당시 한국 정부는 1962년 완공된 이 원자로 건설비의 절반 가까운 35만 달러를 미국으로부터 무상 차관으로 받았다. 1960년 2월 22일, 국무회의에서 이승만의 발언 내용에 원자력 개발에 대한 의지가 잘 나타나 있다.

"지금 일본인들은 외국의 원조를 거절하고 자립하여 나가고 있으며 잠수함 기지 무기를 자가 생산하고 있다. 현재 미국은 공산주의를 막아내기 위하여 대한원조를 시작했지만, 이것을 언제까지 계속 하지는 않을 것이다. 우리가 자립하지 못하면 노예밖에 될 도리가 없을 것이다. 원자력을 개발하고 군비에 관한 위원회라도 만들어서 이순신 장군의 대를 이을 만한 기술자를 기르고 그를 위하여 필요하면 돈을 좀 쓰도록 할 것이며 현재 잘 안 되고 있는 조선공사 시설을 잘 조작하여 무엇을 만들 수 있도록 하여야 할 것이다."

북한에 집중되어 있던 중공업

일본 식민지 정책에 따라 한반도 남쪽에는 농업과 섬유를 중심으로 한 경공업이 발전했고, 북쪽에는 수력발전소와 지하자원을 활용하여 중공업이 발전했다. 그 결과 3·8선을 경계로 국토가 분단되자, 당장 남한에는 모든 것이 부족했다.

농사를 짓기 위해 필요한 국내 유일의 비료 생산 공장인 홍남 질소비료공장도 북한에 있었다. 그때 당시 이곳의 생산량은 전국의 모든 곳에 비료를 공급하고도 양이 남을 정도로 규모가 컸지만, 남한에서는 단 한 줌의 비료도 생산하지 못하는 형편이었다.

농사를 지으려면 비료가 필요했고, 이런 이유로 남한의 경제 상황은 날로 심각해졌다. 《이승만과 기업가 시대》에는 당시의 실정이 다음과 같이 기록되어 있다.

"남한에는 수천 년 경작을 되풀이해 온 탓에 매년 비료를 주지 않으면 생산이 불가능한 농지와, 북한에서 공급되는 전력을 공급받아 가동하는 조선맥주, 소화기린맥주, 조선유지, 태창직물 등 소규모 경공업 시설이 위치했다. 당시의 중공업 분포도를 보면 남한 21%, 북한이 79%였다. 금속공업 생산의 90%가 북한에서 이루어진 반면, 방직공업 생산의 85%는 남한에 치우쳐 있었다. 또 철광석, 선철 등 금속 기계공업에 필수적인 지하자원은 남한에는 매장량이 거의 없었고, 유연탄, 무연탄, 흑연, 중석 등도 북한이 독차지하고 있었다. 1940년 공업생산액의 남북한 분포 비율은 화학은 18 대 82, 금속은 10 대 90으로 북이 압도적이었다."

당시 이승만은 미국에게서 장기 원조 약속을 받았지만, 미국이 지원한 원조물자는 당장의 허기와 헐벗음만 겨우 면할 수 있는 식량과 의류 등 소비재가 주요 품목이었다.

6·25전쟁 이후 국제연합한국재건단(UNKRA)이 한국 정부에

제출한 건의서에 따르면, 1953년부터 57년까지 국내에 드는 화학비료는 40만 톤이었고, 이를 해외에서 수입하려면 연간 6천만 달러가 필요했다. 당장 전체 원조 금액 2억 달러 중 20~80%를 비료 수입 비용으로 지급해야 할 상황이었다. 이승만은 중장기적인 자립경제를 지향했다.

"우리나라는 원조에 종속되는 소비재가 아닌 자립을 위해 산업재가 필요합니다."

그러한 입장에서 비료공장 설립의 의지를 보였다. 하지만 미국은 고도의 기술과 숙련된 기술자를 필요로 하는 비료공장을 한국에 건립하는 것은 힘들다고 판단했다. 그리하여 비료완제품을 공급하고자 했다. 자체 생산 능력을 기르는 것이 중요하다고 판단한 이승만의 입장과는 다른 원조 방식이었다.

비료공장 건립이 실패하자 이승만은 산업시설 건립에 필요한 시멘트공장 설립을 미국이 아닌 유엔한국재건단에게 요청했다. 유엔한국재건단은 시멘트의 필요성에 동의하였고, 한국 정부와 합작으로 시멘트공장을 건립했다. 그렇게 문경시멘트공장이 건립되었다. 준공 당시 생산량은 연간 24만 톤 규모였다.

시멘트공장 건립 이후 미국은 전체 원조금의 25% 이내를 산업시설에 지원하기로 합의했다. 미국과의 합의를 통해 원조금으로 비료공장을 설립할 수 있었다. 1961년에 준공한 충주비료공장은 연간 8만 5천 톤의 비료를 생산하게 됐다. 그리고 본격적으로 제철, 조선, 판유리 등 주요 공업시설과 지하자원 개발을 시작했다.

북한에 집중되어 있던 전력시설

본격적으로 중공업을 일으키기 위해서는 전력이 필수적이다. 그런데 일제강점기 당시 일본은 북한에 중공업을 집중했고, 전력시설 또한 북한에 활성화 시켰다.

해방했던 1945년 평균 발전 전력은 북한이 96%였고, 남한은 불과 4%였다. 그마저도 북한이 단전 조치를 취하면, 남한은 순식간에 암흑에 휩싸이게 되었다.

실제로 1948년 5월 14일 오전 10시 30분에 남한 단독 총선거 반대와 송전 대금 불만으로 북한은 일방적으로 전기 공급을 중단했다.

"약정된 남한 송전요금을 미군 측이 청산하지 않으므로 대남 송전을 단전코자 한다. 만약 한국인 동포끼리 해결할 의사가 있으면 평양으로 오라."

북한뿐만 아니라 미국 또한 1945년 환율 문제 등을 이유로 한국 정부와 대립이 있을 경우, 석유 공급을 두고 한국 정부를 압박했다. 한 번은 석유에 한이 맺혀 '누구든 기름 없이 달리는 자동차를 개발하면 온갖 특혜를 다 주겠다'고 공언하기도 했다.

이렇게 이승만은 부족한 전력난을 해소하고, 산업발전을 위한 새로운 방법을 강구하여야 했다. 이승만은 우선 석탄을 자급자족하기 위해서 국내 강원도 태백 탄광 개발과 석탄 수송을 정책적으로 추진했다. 이승만은 전문적인 정책을 위해 사업가, 경제인, 기술자, 유학생 등을 초청하여 조언을 얻고 구체적인 계획을 실현해갔다.

평화선 발표로 일본으로부터
해양자원 보호

일본이 패전한 후 미국 맥아더 사령부가 일본을 점령해 일본 어민들이 먼 바다로 나가는 한계를 두기 위해 그은 선을 '맥아더 라인'이라고 한다.

그런데 샌프란시스코 강화조약 이후 맥아더 라인 철폐 문제가 거론되면서 일본 어민들이 경계선을 넘어 조업을 하는 경우가 잦았다.

이 문제를 그대로 방치하면 일본 어민들이 한반도 근해까지 들어와 우리 어업의 근본을 뒤흔드는 피해가 예상되는 상황이었다.

맥아더 라인이 소멸될 것을 예상한 이승만 정부는 자구책이자 보완책의 하나로 동해상에 해상경계선을 그었다. 우리나라 해안으로부터 60마일 수역에 포함된 수산자원과 광물자원을 보호하기 위한 수역, 즉 '어로관할수역'을 발표한 것이었다. 이것이 바로 해양 주권에 대한 대통령 선언 즉 '평화선'이다.

명칭을 평화선으로 한 것은 일본 어선들이 이 선을 넘지 않으면 평화가 보장되지만 이 선을 넘으면 우리 정부가 나포를 할 것이기 때문에 평화를 보장할 수 없다는 의미에서 붙여진 절묘한 이름이다.

이승만이 해양 주권 선언을 하자 일본은 물론 미국과 영국 등 세계 각지에서 비판 여론이 일어났다. 하지만 이승만은 아랑곳하지 않고 평화선을 실효적으로 지키고자 했고, 이는 이후 벌어진 한일회담에서도 큰 쟁점이 됐다.

또한 평화선에 독도를 포함시켜 독도에 등대를 세우는 등 독도를 실효 지배할 수 있는 결정적인 계기를 마련하기도 했다.

하와이 망명 시절부터 시작된 교육사업

6·25전쟁 기간 동안 대부분의 학교가 파괴되었다. 아이들은 거리를 떠돌거나 폐허에 무리지어 노는 게 하루 일과의 전부였다. 이승만은 하와이에서 독립운동을 하던 시절부터 교육을 통한 인재양성의 중요성을 누구보다 잘 알았다. 그래서 6·25전쟁 이후 학교 복구와 신축을 다른 어느 분야보다 우선해서 시행했다.

이승만 정부는 1949년에 6년제 의무교육제를 도입하고, 문맹퇴치 운동을 벌였다. 그 결과 학생수도 중학생 10배, 고등학생 3.1배, 대학생 12배로 늘었다. 그렇게 성장한 인력은 1960년대부터 본격적으로 진행될 공업화에 필요한 값진 노동력이 되었다.

고급 인력의 양성도 빠른 속도로 이루어졌다. 해방 직후 19개교에 불과했던 대학이 1960년에 63개교로 크게 늘어나 대학생이 10만 명으로 늘어났다.

가난한 나라였음에도 불구하고, 1950년에 매년 평균 600명 이상이 미국을 비롯한 선진국으로 유학을 떠났다. 특히 외국어의 전문적 교육과 유능한 외교관 양성, 그리고 기업인들의 해외진출을 위해 정부 보조로 1954년 1월에 한국외국어대학을 신설했다.

이승만의 고급 인재 양성 의지가 나타난 대표적인 경우가 1953년에 설립한 인하공과대학교이었다. 6·25전쟁 중에 하와이 교민들이 한인기독학원 부지를 판 금액의 일부를 보내왔는데, 이승만은 그 돈에 모금액을 더해서 미국의 매사추세츠 공과대학교(MIT)와 같은 최고 수준의 공과대학교를 세우려고 했다.

이승만은 학교에 힘을 실어 주기 위해 국회의장 이기붕과 문교부장관 김법린을 이사진에 포함시켰다. 인하대학의 '인하(仁荷)'는 1903년 최초의 하와이 이민 출발지인 인천과 도착지인 하와이의 앞 글자만을 조합하여 만든 이름이다.

하와이 동포의 꿈과 염원이 담겨 있던 한인기독학원이 1947년

폐교되었으나, '민족교육 함양'이라는 그 설립의 정신은 잃지 않고 국내에서 승화되었다. 6·25전쟁 중이었던 당시 이승만은 과학기술자 양성을 위한 공과대학 설립을 구상하고 있었던 것이었다.

또 이승만은 1957년 우남장학회를 설립하여 전국에서 선발된 고등학생과 대학생들에게 당시 일천만 환의 장학기금을 나눠 지급해 학업을 도왔다. 하지만, 이 일은 대통령직에서 하야하면서 더 이상 계속하지 못했다.

이승만은 하와이 독립운동 시절부터 대통령 하야까지 한국의 가난에 분노했다. 가난이야말로 국민의 삶을 피폐하게 만들고 민주주의 도입을 지연시키는 장애물로 보았다.

이승만은 가난에서 벗어나는 길을 교육에서 찾았다. 교육을 통해 국민을 계몽시켜 선진국과 같이 가난에서 벗어나고 민주주의를 실현하는 나라를 이루고자 했다. 이승만의 경제 청사진은 국민교육을 바탕으로 했기 때문에 한국 경제는 도약할 수 있었다.

세계 평화를 위한 중대한 결정
미 의회 연설(1954.7.27)

하원의장, 상원의장, 상하 양원 의원 여러분, 신사 숙녀 여러분!

저명한 미국 시민들이 모인 이 존엄한 자리에서 연설할 기회를 가지게 되었음을 매우 소중하게 생각하는 바입니다. (중략)

나도 여러분처럼 워싱턴이나 제퍼슨이나 링컨에게서 영감을 받아 왔습니다. 여러분처럼 나도 여러분의 빛나는 선조들이 전 인류를 위하여 탐구했던 자유를 수호하고 보존하려고 스스로 맹서해 온 사람입니다.

무엇보다도 먼저 여러분과 미국 국민이 행한 일에 대하여 한국과 한국 국민의 끝없는 감사의 뜻을 전하고자 합니다. 여러분은 고립무원의 나라를 파멸로부터 구출해 주었습니다. 그 순간, 진정한 집단 안전 보장의 횃불은 전례 없이 찬란히 빛났습니다.

우리 전선의 방어를 위해서, 또는 피란민과 기타 이재민들의 구호를 위해서 여러분이 재정적으로, 군사적으로 그리고 다른 방법으로 보내준 원조는 그 무엇으로도 갚을 수 없는 고마움의 빚입니다.

우리는 또한 한국 파병이라는 중대 결정을 내림으로써 우리를 바다 가운데로 밀려나지 않도록 구원해 준 트루먼 전 대통령, 그리고 당시는 대통령 당선자로서 지금은 미국의 행정수반으로서 적의 위협을 잘 이해하고 우리를 원조해 준 아이젠하워 대통령에게 많은 신세를 지고 있습니다.

미국 대통령 당선자는 40년간 일본의 잔혹한 점령 하에 있던 한국에 왔었습니다. 우리 국토에 발을 들여놓을 수 있었던 외국 친구들의 수는 극히 적었습니다. 그러나 역사상 처음으로 이러한 곳에 여러분에 의해서 대통령으로 선출된 위대한 인물이 나왔습니다. 여러분의 군대만이 우리의 자유를 회복해 주려고 했기 때문이었습니다. 그는 한국인을 돕기 위해 무엇을 할 수 있는

지를 알아내려고 했습니다.

　나는 이 기회에 6·25전쟁에 참전한 미군의 어머니들에게 우리의 마음속에서 우러나는 깊은 감사를 표시하지 않을 수 없습니다. 우리가 가장 암담한 처지에 놓여 있던 시기에 그들은 미국 육·해·공군 및 해병대에서 복무하는 자식, 남편, 형제들을 한국으로 보내주었습니다. 정말 감사합니다.

　우리는 영원히 잊을 수 없습니다. 우리나라의 산과 계곡들로부터 한·미 양국 군인들의 영혼이 하느님에게 함께 올라갔다는 사실을 말입니다. 우리가 그들을 마음속에 소중히 기억하듯이, 전능하신 하느님도 그들을 어여삐 품어 주실 것입니다. (중략)

　인류 문명의 존립을 가늠할 운명이 바야흐로 우리의 최고 결정을 기다리고 있습니다. 자, 용기를 가지고 우리의 이상과 원칙을 수호하기 위해서 궐기합시다. 이러한 이상과 원칙들은 바로 미국 독립의 아버지들은 조지 워싱턴과 토머스 제퍼슨에 의해서 선양되었고, 그 후 절반의 자유, 절반의 노예 상태로는 생존할 수 없다며 연방 수호를 위한 투쟁을 주저하지 않았던 위대한 해방자 에이브러햄 링컨에 의해서 다시 주창되었습니다.

친구들이여, 우리는 반쪽짜리 공산주의, 반쪽짜리 민주주의 상태의 세계에서는 평화가 회복될 수 없다는 것을 명심해야 합니다. 아시아의 자유를 안정시키기 위한 여러분의 중대한 결정이 지금 필요합니다. 왜냐하면 여러분의 결정은 유럽, 아프리카, 그리고 아메리카에서의 세계 공산주의 문제를 자동적으로 해결할 것이기 때문입니다.

출처 : 《이승만 대통령 방미일기》 이승만 지음, 갈홍기 기록, 이현표 옮김, 코러스 출판사

닫는 글

부정을 보고 일어서지 않는 백성은 죽은 것

이승만의 공과는 분명히 존재합니다. 장점이나 성과만을 부각시키며 과오를 덮으려 해서도 안 되고, 거꾸로 단점이나 과오만을 부각시키며 비판을 위한 비판으로 흘러서도 안 될 것입니다.

독선적이고 고집이 센 지도자였기 때문에 미국과 소련, 일본과 북한 등 한반도를 둘러싼 얽히고설킨 이해관계 속에서 자신의 국가관을 지키며 흔들리지 않고 헤쳐나갈 수 있었던 것입니다. 또 그러한 이승만의 성격이 마지막에 실책을 범하게 된 이유이기도 합니다.

사사오입 개헌이나 이기붕을 당선시키려는 무리한 선거 전략 등은 이승만의 과오로 평가됩니다. 제4대 대통령 선거에서 민주당의 대통령 후보인 조병옥이 미국에서 지병으로 사망함으로써 이승만의 대통령 당선은 이미 선거 전에 결정되어 있었습니다.

그럼에도 자유당의 무리한 정책을 방임한 이유는 북한과 중국대륙이 공산화되는 마당에 대한민국의 건국을 부정하는 공산주의자들의 혁명만큼은 허용할 수 없었기 때문이었을 것입니다.

하지만 1960년 4월 26일, 대학생과 고등학생을 주축으로 한 대규모 시위에서 유혈 사태가 일어났다는 사실을 알게 된 이승만은 4월 27일 "국민이 원한다면 대통령직에서 하야하겠다"는 성명을 발표하고 사임서를 국회에 제출합니다.

그리고 "부정을 보고 일어서지 않는 백성은 죽은 것"이라고 동정을 표하면서 부상을 당한 학생들을 찾아갑니다.

이승만은 1960년 4월 28일 경무대를 떠납니다. 그리고 5월 29일 프란체스카 여사와 함께 오랜 시간 독립운동을 펼쳤던 하와이로 이주합니다. 대한민국 정부의 아무런 지원도 받지 못한 채 이승만은 하와이 교포들과 미국인들의 도움으로 인생의 마지막을 보냅니다.

귀국을 계획했지만, 실패하고 맙니다. 건강이 급격히 악화되면서 1964년에 퀸즈 병원으로 옮겨진 뒤 1965년 7월 19일 0시 35분 그가 평소에 그리워하던 하늘나라로 옮겨갔습니다.

이승만 대통령은 청년 시절에 나라를 잃은 분노를 동력으로 삼아 인생의 대부분을 독립운동가로 살았습니다. 어려움 속에서도 국가의 재건을 위해 교육, 출판, 외교 등 여러 경로를 통해 국제사회에 한국의 독립을 외쳤습니다.

해방 후에도 시종일관 자유민주주의, 시장경제, 한미동맹을 주장하며 공산주의와 타협하지 않고 대한민국을 건국합니다. 더 나아가 한국의 장기적인 시각에서 경제와 정치, 교육과 문화 발전에 기초가 되는 거대한 비전을 제시했습니다.

지금의 우리 정부는 양상은 다르지만 해방 후 혼란한 정국과 비슷한 혼란의 소용돌이 속에서 위협받고 있습니다. 경제성장에 따른 중국과 미국의 패권주의 속에서 나아갈 방향을 찾지 못하고 있습니다.

경제는 중국에 의존적이고, 안보는 미국에 의존하면서 독립국가로서 어떤 선택을 할 것인지 헤매고 있습니다. 경제를 중심에 놓고 중국과 손을 잡기에는 미국과 일본의 견제가 심하고, 안보를 중심에 놓고 미국의 손만 들어주기에는 중국의 눈치를 보지 않을 수 없습니다.

이러한 국제정세 속에서 우리는 이승만의 외교정책을 눈여겨보아야 할 것입니다. 한반도의 공산화를 막고 독립 정부를 수립하는 과정에서 이승만은 오로지 '국민'만을 선택했습니다.

이제 한반도의 통일이라는 오래된 숙제를 해결하는 것이 주변 열강과 당당히 어깨를 나란히 하며 '주권'을 행사할 수 있는 당당한 외교의 첫걸음이고 대한민국을 성장시킬 수 있는 동력이라는 것을 배워야 합니다.

이승만의 성과를 찬양하기만 하거나, 이승만의 과오를 비판하는 것에만 머물러 있지 말고 '이승만의 분노'를 통해 대한민국의 국제적 위상을 높이고 국민의 안전과 행복을 위한 지혜를 찾아야 할 때입니다.

부록

우남 이승만 연보
雩南 李承晩 年譜

우남 이승만 雩南 李承晩, Syngman Rhee
1875~1965

1875년
3월 26일(음력 2월 19일) 황해도 평산군에서 이경선과 김해 김씨의 외동아들로 출생.

1878년 3세
세 살 때 서울로 이사하여 염동, 낙동, 도동 등에서 살며 서당에 입학, 한문 공부를 시작.

1888년 13세
과거급제를 목표로 유학서와 사서를 읽으며 동양고전과 역사를 공부, 매년 과거시험에 응시했지만 부조리한 사회구조 때문에 합격하지 못함.

1894년 19세
동학혁명, 청일전쟁, 갑오개혁으로 이어지는 급변하는 국내외 정세를 체감. 갑오개혁으로 과거제가 폐지되어 방황하다 새로운 문물을 배우는 전환점으로 삼음.

1895년 20세
선교사 아펜젤러가 설립한 배재학당에 입학, 서양 선교사들로부터 신학문과 영어를 배움.
이승만의 사상 형성과 의식 발전에 결정적인 영향을 준 스승 서재필을 만남.

1896년 21세
11월 30일 서재필의 권유로 배재학당 안에 '협성회'를 결성, 정치, 사회 등의 주제로 48회에 걸쳐 토론회를 개최.

1897년 22세
우리나라 최초의 서양식 교회건물인 정동교회에서 배재학당 졸업식이 열림.
이승만은 졸업생을 대표하여 '조선의 독립'이라는 주제로 영어 연설.

1898년 23세
주간신문 〈협성회회보〉 창간하고 논설과 기사를 작성.
나라를 걱정하는 마음을 담은 한글 시 〈고목가〉를 발표.
일간지 〈매일신문〉을 창간하여 정부의 잘못된 정책을 비판.
독립협회가 개최한 우리나라 최초의 대중집회인 만민공동회에서 연설.
고종의 독립협회 해산과 간부 17명 투옥을 항의하며 만민공동회 철야집회.
중추원 의관에 독립협회 회원을 다수 임명, 이승만도 충추원 의관으로 선임.

1899년 24세
1월 2일 갑신정변을 일으킨 박영효의 등용을 요구하다 중추원 해산, 의관에서 파면.
고종 폐위운동과 공화정부를 세우려 했다는 쿠데타 음모의 공범자로 기소.

1월 9일 투옥되었다가 1월 30일 최정식, 서상대와 함께 탈옥.
종로에서 다시 체포되어, 7월 11일에 종신형과 곤장 100대 선고 받음.

1900년 25세
한성감옥에서 신앙체험을 하고 봉사정신이 투철한 청년으로 변모.
감옥 안의 죄수들에게 성경을 읽어주고 기독교 교리를 알려주며 40여 명을 개종.
선교사들이 넣어준 영어 성경과 영문 책자를 읽으며 영어 공부를 계속함.
영어의 중요성을 인식하고 감옥에서 《영한사전》을 집필.

1904년 29세
2월 8일 러일전쟁 발발 소식을 듣고 《영한사전》 집필을 멈추고, 대중 계몽서 《독립정신》을 집필. 이후 1910년 2월 미국 로스앤젤레스에서 출간.
8월 7일 선교사의 도움으로 세 번에 걸친 감형으로 출옥.
11월 4일 황제의 밀사가 아닌 정부의 밀사로 미국행.
하와이에 도착하여 윤병구 목사와 교포들의 환영식에 참가하여 연설.
12월 31일 샌프란시스코, 로스앤젤레스, 시카고를 거쳐 워싱턴에 도착.

1905년 30세
2월 20일 존 헤이 국무장관을 만나 '조미조약 이행'을 약속받음.
2월 햄린 목사의 도움으로 조지워싱턴 대학교 콜롬비안 학부에 편입.
8월 4일 루스벨트 미국 대통령을 만나 조선의 독립보전을 부탁하지만 미국은 이미 '가쓰라 태프트 조약'에 추인한 상태.
11월 17일 을사조약 체결 소식을 듣고 사흘 동안 통곡함.
워싱턴 근교 교회와 YMCA 등에서 강연하며 일본의 조선 침략을 규탄.
여론 형성을 위해 강연뿐만 아니라 각종 신문 기고 활동을 진행.

1907년 32세
6월 5일 조지워싱턴 대학을 졸업.
9월 미국 하버드 대학교 석사 과정에 입학.

1908년 33세
3월 23일 장인환·정명운의 미국 외교관 스티븐스 권총 암살 사건이 발생. 조선인에 대한 여론이 악화되고, 그로 인해 이승만의 석사 논문 심사에도 영향. 이 사건 재판의 통역을 요청받았으나 거절.
9월 프린스턴 대학교 박사과정 입학. 미국 대통령이 되는 윌슨 총장과 그의 가족들을 만남.

1910년 35세
2월 1일 한인동포단체인 대한인국민회에 가입.
2월 10일 《독립정신》 출간.
6월 14일 〈미국의 영향하에 발달된 국제법상 중립〉이라는 논문으로 박사 학위 취득.
8월 29일 한일합병 소식에 막막해 하다 서울YMCA의 귀국 요청을 받음.
9월 3일 리버풀, 런던, 파리, 베를린, 모스크바, 만주를 거쳐 10월 10일 서울에 도착.
10월부터 1912년 3월까지 YMCA 한국인 총무 겸 학감으로 활동.

1911년 36세
5월과 10월에 《학생청년회의 종교상 회합》, 《신입학생인도》 번역 출간.
전국적으로 YMCA 조직을 확산하기 위해 두 차례 전국 순회강연을 진행.

1912년 37세
4월 5일 일본에서 노정일, 정세윤 등 26명의 창립회원으로 학생복음회를 발족.

4월 6일 도쿄 YMCA에서 〈조선유학생들에게 거는 기대〉라는 제목으로 연설.
4월 10일 감리교 동북아 책임자 해리스 감독과 미국으로 떠남.
5월 미국 미니애폴리스에서 열리는 세계 감리교 평신도대회 참가.
8월 14일 하와이에서 장기적인 독립운동을 펼치자고 박용만과 논의.

1913년 38세
2월 하와이 호놀룰루에 도착하여 한인기숙학교에서 교육 시작.
3월 '105인 사건'을 분석한 《한국교회 핍박》 출간.
9월 1일 월간 〈태평양잡지〉 창간.
9월 한인기숙학교를 '한인중앙학원'으로 바꾸고 학제 개편.

1915년 40세
6월 한글과 한국문화 교육을 못하게 하여 한인중앙학원 원장직 사임.

1916년 41세
3월 10일 교민들의 모금활동과 대한인국민회의 지원으로 '한인여자학원'을 설립.

1918년 43세
9월 '한인여자학원'을 '한인기독학원'으로 바꾸어 남녀공학제 민족교육기관으로 전환.

1919년 44세
파리강화회의에 참석하려 했으나 여권 발급 거부 당함.
3월 윌슨 대통령에게 '위임통치'의 청원서를 보냄.
로스앤젤레스에서 안창호를 만남.
서재필로부터 3·1 운동 소식을 들음.
노령 임시정부, 상하이 임시정부, 한성 임시정부 등의 최고 책임자로 추대.

2월 13일 미국에서 한인대표자대회를 필라델피아에서 개최.
6월 '대한공화국 대통령' 자격으로 미, 영, 불, 이, 일 등 정부 수반과 파리강화회의 의장에게 공문 발송(Republic of Korea 처음으로 공식 사용됨).
8월 대통령 직권으로 대미외교 업무 수행을 위해 미국 워싱턴에 구미위원부를 설치.

1920년 45세
11월 15일 중국행 화물선에 승선, 12월 5일 상하이에 도착.
12월 28일 상하이 임시정부 청사에서 초대 대통령 취임식.

1921년 46세
1월 5일 상하이 임시정부에서 첫 국무회의 개최.
5월 20일 '외교상 긴급하며 재정상 절박하다'는 교서를 남기고 하와이로 떠남.
10월 워싱턴 군축회의에 서재필, 정한경과 함께 독립청원서 제출.

1923년 48세
3월 〈태평양 잡지〉에 〈공산당의 당부당〉이라는 제목의 공산주의 비판 논문을 게재.

1924년 49세
11월 23일 하와이에서 대한인동지회를 조직.

1932년 57세
11월 10일 상하이 임시정부가 이승만을 국제연맹에 보낼 전권대사로 임명.

1933년 58세
1월 4일 제네바에 도착, 중국대표 및 언론 등을 만나 도움을 요청.

제네바에서 프란체스카 도너를 만남.
7월 19일 신분을 숨긴 채 비엔나에서 모스크바역에 도착했으나 출국 명령 받음.
8월 10일 프랑스의 니스에서 뉴욕행 배에 승선.

1934년 59세
10월 8일 뉴욕에서 프란체스카 도너와 결혼.

1935년 60세
1월 25일 아내와 함께 하와이 호놀룰루항에 도착.

1941년 66세
4월 하와이에서 재미한족연합위원회를 발족, 이승만 외교위원장으로 추대.
상하이 임시정부로부터 주미외교위원장직 추인 받음.
8월 1일 《일본내막기 : 오늘의 도전》 출간

1942년 67세
미국의 여론을 움직이기 위해 한미협회를 발족.
7월 이승만과 미국 대외첩보공작기관인 OSS의 합작으로 광복군 참여 계기 마련.
8월 29일 이승만의 제안으로 〈미국의 소리〉에 한국어 방송 시작.

1943년 68세
5월 15일 루스벨트 대통령에게 임시정부를 승인하도록 하는 공식 서한 발송.

1945년 70세
8월 14일 밤 11시, 워싱턴 자택에서 일본의 항복 소식을 들음.
9월 6일 박헌영 조선인민공화국 선포, 이승만을 주석으로 추대. 하지만 이승만은 거부.
9월 16일 송진우, 김성수를 중심으로 한국민주당 창당, 이승만을 영수로 추대하지만 거부.
10월 UN창립총회에서 '얄타 밀약설'을 폭로, 한반도의 즉각적인 독립을 촉구.
10월 16일 미국은 이승만의 귀국을 허락. 맥아더 전용기를 타고 한국에 도착.
10월 23일 독립촉성중앙협의회 발족.
12월 17일 '공산당에 대한 나의 입장'이라는 라디오 방송 연설.

1946년 71세
2월 1일 비상국민회의 출범.
2월 23일 남조선대한국민대표 민주의원은 의장에 이승만을 선출.
3월 20일 제1차 미소공동위원회 개최.
5월 12일 '독립전취 국민대회' 개최.
6월 2일 남한만이라도 단독정부를 수립해야 한다는 '정읍발언'.
12월 4일 미국정부와 UN총회에 직접 호소한다는 명분으로 미국 워싱턴에 도착.

1947년 72세
3월 12일 미국은 트루먼 선언을 발표, 미국은 소련에 대한 강경정책으로 전환.
4월 8일 도쿄에서 맥아더를 만남.
4월 14일 중국에서 장개석을 만남
4월 21일 지청천 장군과 함께 서울 도착.
5월 21일 제2차 미소공동위원회가 열렸지만 협의 대상을 놓고 다시 결렬.
11월 14일 유엔 총회에서 한국 총선거안과 유엔한국임시위원단 설치안이 가결.

1948년 73세
3월 1일 UN한국임시위원단은 남한 단독 선거 발표, 이승만과 김구는 대립.
5월 10일 남한에서만 총선 실시, 이승만 동대문구에서 당선.

5월 31일 국회의장으로 선출.
6월 9일 국호를 '대한민국'으로 결정.
7월 24일 중앙청 광장에서 초대 대통령으로 취임.
8월 15일 대한민국 정부수립을 선포.

1949년 74세
1월 일본에 약탈 문화재 반환을 요구.
2월 케네스 로얄 미육군장관 방한, 국군 증강을 위한 무기와 장비지원을 요청.
5월 1일 전국 첫 인구조사 실시.
5월 트루먼 미 대통령에게 한미공동방위 군사협정 체결을 요구하는 서한을 보냄.
6월 21일 농지개혁법 공포.
8월 15일 최초의 건국훈장 대한민국장 수상.

1950년 75세
6·25전쟁 발발.
6월 27일 맥아더 사령관에게 미국 정부의 긴급원조를 요청.
9월 28일 유엔군의 인천상륙작전 후, 서울 환도.
9월 29일 서울 수복 기념식.
10월 29일 미 상원의원 놀랜드와 함께 평양 방문.

1951년 76세
1월 4일 중국의 참전으로 1·4후퇴
7월 10일 개성에서 첫 휴전 예비회담, 통일 없는 휴전은 무의미하다며 강력 반발.
12월 23일 자유당 창당하여 총재로 취임.

1952년 77세
5월 25일 비상계엄령 선포.
7월 4일 발췌개헌안 통과.
8월 5일 직선제로 정부통령 선거, 제2대 대통령으로 취임.

1953년 78세
6월 10일 백선엽, 손원일, 원용덕 등 군 지휘관을 소집하여 반공포로 석방을 지시.
6월 25일~7월 11일 로버트슨 미특사와 회담, 군사 원조를 조건으로 휴전 협약에 동의.
7월 27일 휴전협정 체결.

1954년 79세
7월 26일 미국을 방문하여 한국전쟁 당시 북진통일을 이루지 못한 미국의 정책을 비판.
7월 27일 미 의회에서 연설.
11월 29일 제2차 개헌(사사오입) 통과.

1955년 80세
제1회 원자력평화이용 국제회의에 한국 대표 3명 파견.

1956년 81세
2월 3일 한미원자력협정 체결로 원자력 기술원조를 위한 기반 마련.
5월 15일 제3대 대통령 선거 실시, 제3대 대통령으로 선출.

1958년 83세
12월 24일 국가보안법을 여당의원 단독으로 통과.

1960년 85세

3·15 부정선거.

4·19 혁명 발발

4월 28일 대통령 하야 성명 발표 후 경무대를 떠남.

5월 29일 정계 은퇴 성명 후, 하와이로 출국.

1962년 87세

3월 17일 정부의 반대로 귀국 좌절.

1965년 90세

7월 19일 하와이 호놀룰루에서 사망. 유해를 미 군용기로 운구.

7월 27일 현충원 국립묘지에 안장.

저서로는 《청일전기》, 《독립정신》, 《한국교회 핍박》, 《일본내막기(Japan Inside Out)》, 《체역집》외 다수가 있고, 박사학위 논문으로 〈Neutrality As Influenced by the United States(미국의 영향하에 발달된 국제법상 중립)〉이 있다.

참고문헌

김용삼, 《이승만과 기업가 시대》, 북앤피플, 연세대학교 이승만 연구원, 2013
오인환, 《이승만의 삶과 국가》, 나남, 2013
유영익, 《건국대통령 이승만》, 일조각, 2013
이선교, 《올바른 해방전후사의 인식》, 현대사포럼, 2012
이승만, 《이승만 대통령 방미일기》, 코러스, 2011
이정수, 《초대 대통령 이승만 1~3》, 청미디어, 2013
이주영, 《대한민국의 건국과정》, 건국이념보급회 출판부, 2013
이주영, 《이승만 평전》, 살림출판사, 2014
이한우, 《대한민국을 세운 독립운동가 이승만》, 역사공간, 2010
올리버 로버트, 《이승만 없었다면 대한민국 없다》, 동서문화사, 2014
안병훈, 《사진과 함께 읽는 이승만》, 기파랑, 2011
유영익, 《이승만의 삶과 꿈》, 중앙일보사, 1996
우남 이승만 박사 서집발간위원회, 《우남 이승만 박사 서집》, 도서출판 촛불, 1990

인터뷰

이선교 목사님
이인수 박사님
이주영 박사님
전상근 회장님

國富兵強 永世自由
국부병강 영세자유

이승만의 분노(개정판)

초판 발행 2025년 4월 4일

지은이   전광훈
펴낸곳   주식회사 뉴퓨리턴

주소   서울특별시 성북구 장위로 40다길 19, 1층 106호(장위동)
대표전화 070-7432-6248
팩스   02-6280-6314
출판등록 제25100-2023-043호
이메일   info@newpuritan.kr

ISBN   979-11-992040-3-4 03910